自信教育成就 幸福人生

丛培荣◎著

自信，是一缕阳光，可以照耀我们茁壮成长；

自信，是一泓清泉，可以冲刷我们心灵的尘埃；

自信，是一阵春风，可以让生命绽放出夺目的光彩！

光明日报出版社

图书在版编目（CIP）数据

自信教育成就幸福人生 / 丛培荣著 . -- 北京：光明日报出版社，2018.1

ISBN 978－7－5194－3916－3

Ⅰ.①自… Ⅱ.①丛… Ⅲ.①小学教育—教学研究 Ⅳ.①G622.0

中国版本图书馆 CIP 数据核字（2018）第 016781 号

自信教育成就幸福人生

ZIXIN JIAOYU CHENGJIU XINGFU RENSHENG

著　　者：丛培荣			
责任编辑：曹美娜　朱　然		责任校对：赵鸣鸣	
封面设计：中联学林		责任印制：曹　净	

出版发行：光明日报出版社

地　　址：北京市西城区永安路 106 号，100050

电　　话：010－67078251（咨询），63131930（邮购）

传　　真：010－67078227，67078255

网　　址：http：//book.gmw.cn

E - mail：caomeina@ gmw.cn

法律顾问：北京德恒律师事务所龚柳方律师

印　　刷：三河市华东印刷有限公司

装　　订：三河市华东印刷有限公司

本书如有破损、缺页、装订错误，请与本社联系调换

开　　本：710×1000　1/16		
字　　数：228 千字	印　　张：14.5	
版　　次：2018 年 4 月第 1 版	印　　次：2018 年 4 月第 1 次印刷	
书　　号：ISBN 978－7－5194－3916－3		

定　　价：45.00 元

序　言

　　随着时代的发展，当今社会对人才素质的要求越来越高，而自信作为人才素质的一个重要方面，也越来越受关注。由此可见，从小开始培养学生的自信心，这是教育中极其重要的方面。诸葛亮说过："恢弘志士之气，不宜妄自菲薄。"马尔顿说过："坚决的信心，能使平凡的人们做出惊人的事业。"古今中外的名家都认可自信的地位及作用，那现在的我们更应该重视自信的作用及其重要性，将培养学生的自信心作为教育工作的根本目标。开展自信教育，是全面实施素质教育，也是培养学生核心素养的基本要求。

　　在我国当前的教育实践中，对于自信教育，目前还没有一个明确的定义。威海市望岛小学将自信教育定义为学校运用各种具体措施来培养教师和学生积极向上的自信心理的过程。将自信教育的特点解读为学校在完成国家规定的教育任务的过程中，用自信教育理念统领学校各项工作，通过较长时间的实践积淀，逐渐形成优质的整体办学风貌，从而使上至校级领导，下至全体教师和同学对学校自信教育这一教育理念有正确的理解和普遍的认同，并在各自的工作和学习中自觉地去践行。自信教育已经成为威海市望岛小学的教育特色，并将培养学生的自信心作为教育的根本目标。结合学校实际，威海市望岛小学将从实践操作层面培养学生的自信心。

　　威海市望岛小学位于胶东半岛东端，气候宜人，风光秀美。学校前拥浩瀚碧海，背倚连绵青山，北接繁华市中，南连活力经区；远离城市喧嚣，环境清幽，空气清新，是学生学习和生活的绝佳之地。多年来，学校坚持以优化育人环境、优化师资队伍、优化教育手段为办学理念，以科学和谐发展、内涵特色发展、优质均衡发展为指导，以全面深入实施素质教育为工作重心，以创建特色品牌学校为突破口，将自信教育特色熔铸于学校工作的各个层面，并加快自信教育特色品牌的形成。学校坚持培养德、智、体、美、劳全面发展的社会主义建设者和接班人，引导学生走丰富多彩的自信成才之路，把培养自信加特长的学生作为学校的办学特色。当代教育只有植根于优秀的传统文化，结合时代发展特点，并结合本地风土人情，才能培育出德才兼备的21世纪新人才。在源远流长的中华文明的熏陶下，威海市望岛小学通过对古今中外教育哲学的深刻思考与准确解读，结合学校的优良办学传统，确定了要走"自信教育"的特色之路。

　　长期以来，受传统观念与考试制度的影响，学校着力于对学生进行知识、技能教育，重视学生的学习成绩，却忽略了学生学习的过程与方法以及对情感、态度与价值观的培养，教育逐渐成为传授知识、训练技术的途径。然而，随着经济的发展与科技水平的提高，当今社会出现了生态环境恶化、资源短缺、道德沦丧、信仰危机等一系列问题，物质利益成了大众的普遍追求，人们的价值观发生了严重扭曲。这就需要学校改变原有的教育模式，改革、创新教育方式，以培育"四有青年"为目标，注重对学生价值观的培养，树立正确的世界观、人生观与价值观。当然，自信作为学生所必需的品质之一，是学生素养全面发展的前提。威海市望岛小学已将自信教育作为学校教育的根本，通过自信教育，全面提高学生的自信心，引导师生付诸实施，战胜过去、战胜现在、战胜自我，从而提高学校整体的教育教学质量，全面提升学生的综合素质，充分实现自我价值。

　　本书是威海市望岛小学立足办学实践和学校发展，对近期教学所做的一个书面成果，从中我们可以清楚地感受到学校的"自信教育"理念。同时，"自信教育"作为师生共同成长的指导方针，正在逐渐深入学校的基础教育中。此书从"自信教育"确立的理论背景与特色内涵开始叙述，逐渐渗透到"自信教育"的核心，强调学校从校园环境、课程体系、课堂模式、教师底蕴与家校联盟等方面逐步实现"自信教育"的特色建设。威海市望岛小学提倡的自信教育，要求教师提高自信与自己的教学能力，不仅仅是传授知识，更以自己的言行品格潜移默化地影响每一个学生。自信是中华文人志士所必有的思想素质，自信教育作为学校教育的特色之路，旨在培养有自信心、德行兼备、素质全面发展的学生。实施自信教育，就是要学校、教师在学生个性发展的阶段给予学生恰当的指导，以免造成他们的人格缺陷。这是一项长期的培养工作，不可一蹴而就，需要学校制订正确的培养计划，需要教师耐心地对待学生，当然也需要学生的接受与配合。学校教育要及时弥补家庭教育与社会教育的不足，营造自信、积极向上的教育氛围，让学生在潜移默化中感受到自信的作用与重要性，正确地认识与评价自己，要在日常生活的细节中养成自信的品质。

亚里士多德说过："一个人面对正当之事物，从正当的时机，而且在这种相应条件下感到自信，他就是一个勇敢的人。"自信是一切心理素质的前提，只有有了自信，才能谈其他的心理素质。因此，培养学生的自信心，是每位教师义不容辞的责任，也是全面实施素质教育的基本要求。威海市望岛小学致力于打造有特色的学校、有能力的教工队伍与全面发展的学生。学校所倡导的"自信教育"的宗旨是让每一个孩子都有获得成功的体验，让每一个孩子都能自信快乐地成长，从而脚踏实地、满怀信心地迎接崭新的明天。

程方平

2017 年 5 月 25 日

程方平，中国人民大学教授，原中央教育科学研究所研究员，学术委员会主任，兼任中国比教教育学会常务理事、中国国情研究会理事。研究领域：教育史、比较教育、民族文化教育、教师理论。

前　言

让师生自信快乐地成长

　　自信是孩子勇敢迈出的第一步，自信是孩子绽放微笑的第一缕阳光，同样这一缕阳光也照进了望小，并渐渐发展成为学校的教育理念。自信教育成为孩子敢于张口说的利器，敢于动手做的垫脚石，敢于动脑想的平台。通过对自信教育的创建，让师生自信快乐地成长。

　　一、自信教育的内涵解读

　　自信亦称自信心，是一个人相信自己能力的心理状态，即相信自己有能力实现自己既定目标的心理倾向。自信是建立在对自己正确认知的基础上，对自己实力的正确估计和积极肯定，是自我意识的重要成分，是心理健康的一种表现，是学习、事业成功的有利心理条件。而对学生而言，有自信就是要做到：相信自己能学好，知道自己该怎么学好并能认真去做；有良好的精神状态，能够笑对人生，即使遇到困难和阻力也不轻易改变信念或者放弃；相信自己的社交能力，能够和多数人融洽地相处，轻松自如地交往；对自己的能力充满信心，相信自己只要努力就能处理好一切事情；相信自己是最好的，能够全面客观地评价自己、认识自己、悦纳自己。

　　我们所实施的自信教育旨在自信课堂的基础上培养自信教师和自信学生。

　　自信课堂。课堂是落实自信教育理念的一个最为重要的支点。自信课堂是要从学生、教师层面入手，能够培养学生表达能力的课堂，能够展示学生自我的课堂，同时这个课堂也是教师自主提高自信技能的课堂。

自信教师。我们实行的自信教育旨在积极培养"博学、敬业、雅行"的教师。博学——会读书、会技能、能专长、能发展；敬业——会反思、会研究、能教书、能育人；雅行——会关爱、会赏识、能沟通、能共赢。通过这三种样态的提出，让教师要成长、会成长、能成长，充分发挥课堂中教师的作用，助力教师的专业化发展。

自信学生。自信教育主要旨在培养乐学、向美、知礼的自信学生。乐学——会表达、会研究、会赏识、会合作；向美——会运动、会才艺、会读写、会创新；知礼——会微笑、会问好、会感恩、会自理。通过全面培养学生乐学、向美、知礼的优秀特质，引导学生永远做最好的自己。

在自信教育的确立过程中，学校坚实地迈着脚印，一步一步，稳扎稳打，始终以自信教育为核心理念，用心构建自信教育的特色课程体系。学校将目光放在每一位学生的个性特征上，着力于每一位学生的终身发展。培育阳光学子，助力自信少年，让自信教育特色熔铸于学校工作的各个层面，传承学校文化底蕴和精神，厚实学校历史文化积淀。自信教育现已成为师生共同的教育追求，成为促使自信教育发展的不竭动力。

二、自信教育的现实要义

自信是成功之基，是成功和成长的重要条件，自信教育理念对学校管理和师生的身心发展都有重要的意义。受生活环境、教育评价的束缚、展示平台的缺乏、激励引导的缺失等因素的影响，小学生慢慢地变得胆小、懦弱、自卑，自信心严重不足。同时，在应试教育的长期影响下，我们的学生已经学会用成绩去论成败，用失败的结果来否定自己的努力，缺乏站起来表达自己的勇气，严重制约了学生的可持续发展和学校的内涵发展。针对此现状，学校以培养个性突出、悦纳自我、快乐阳光的自信少年、"博学、敬业、雅行"的自信教师为目标，让师生自信快乐地成长。

1. 体现现行素质教育

为更好实现素质教育，学校把提高学生的自信心放在重要的位置。随着素质教育和新课程改革的深入开展，"关注学生的主体地位"的教学理念已逐渐深入人心。这要求教师依据社会发展的实际需要和学生的个性发展，以全面提高学生的基本素质为根本目的，以尊重学生主体性和主动精神，注重开发学生的智慧潜能，注重形成学生的健全个性为根本特征的教育目标。教师要想更好地教育学生，首先要培养学生成为一个充满自信、健康活泼的人，尊重学生的差异与个性，挖掘每一位学生的潜能，从而增强学生的集体自信心和责任感。

2. 增强教师的责任感

对教师而言，自信不仅是一种人生态度，更是一种责任。如果一个教师自己都不自信，那么他的教育教学能力便可想而知。榜样的力量是无穷的，教师不仅仅传授知识，更以自己的言行品格潜移默化地影响着每一个学生。自信教育有利于来提升教师的自信，增强教师的责任感，实现培养自信学生、打造自信教师的目标。

3. 优化和谐育人环境

人创造环境，同时环境也创造人。思想政治教育优化环境，保证学生的可持续发展，然而，学生的可持续发展离不开自信心的培养和增强。成功的教育依赖于一种自信、和谐、融洽的课堂氛围，在自信的课堂氛围中，自信教育强调"自主、合作、探究"的课堂学习模式。通过优化和谐育人环境，实现"让师生健康快乐地成长"的学校特色。

三、自信教育的实施策略

1. 构建课程体系，建立适切课程

课程是自信教育的重要载体。学校从特色理念出发，以培养学生的"个性突出·悦纳自我·快乐阳光"为目标，构建了着重培养学生的内涵修养、外形素养、技能训练、心理疏导的特色课程体系。

自信教育理念下的课程体系以乐学课程、向美课程、知礼课程为主要课程，具体分为两大特色板块，坚持"必修为主，选修为辅"的原则，实现两大板块的相辅相成。必修课程包括基础学科和校本课程。学校利用课堂，以基础学科为主，校本课程为辅，构建特色课堂体系。依托教材，探析各个学科的特点，挖掘不同学科的自信因素，在结合校本课程的多样化，激发学生的自信体验。另外，学校开发了语文人文、艺术审美、体育健康、科技创新四大类，丝网花、陶艺、衍纸、瓶子画、纽扣画、废品小制作、布艺手工、舞蹈、器乐、合唱、篮球、机器人、田径等20余门选修校本课程。结合五类课程，融合补充，多渠道打造自信课堂，多维度催生自信教师，多角度培养自信少年。

学校为培育自信少年，真正实现"让每一个学生都能抬起头来走路"的育人目标，还开设了"银杏树下"自信表达拓展课程，主要分为"读写系列""诵说系列"。根据每个年级学科课标的不同要求，对学生的读写和诵说做了相应要求，对学生的口语表达和书面表达能力进行了强化训练。通过课程的开展，望小学子正朝着"敢说写、会说写、善说写、乐说写"一步步迈进。

2. 立足自信教学，打造高效课堂

学校为践行"自信开启成功之门"的育人理念，立足教学，多途径打造自信课堂。一方面，为落实课堂常规，制定了《望岛小学自信课堂常规细则》，教学生学唱"课前自信歌""课后整理歌"、学习"课堂学习姿势细则""表达要求细则"，指导学生学习正确的坐姿、书写、表达、课后整理等，从而规范学生的课堂行为。另一方面，各学科开展了丰富多彩的课题研究活动，数学学科的"借助助学单，小老师课堂开讲"活动、语文学科的"自信读写"活动、英语学科的"巧搭支架"活动、美术学科的"微课程设计与实施"活动，培养学生爱表达、会表达、自信表达的能力，让学生"当家做主"，成为课堂的主人。

3. 实现"一专多能"，塑造自信教师

自信教育不单单是指培养学生的自信，教师团队是实施自信教育的主力军，是学生自信前行的引路人。对此，学校将自信教育的内容范围扩大，将自信教育面向教师，培养自信教师，助力教师的专业成长。学校助力培养"一专多能"型教师，开展校本讲坛，厚实成长积淀；紧密青蓝结对，促进共同发展；打造自信课堂，提升教学水平；提升专业，扎实基本功，寻找"基点"，丰富"内涵"，打造"特色"；自主开发，多元打造；培养自信，塑造最美教师，实现培养"博学、敬业、雅行"自信教师的目标。

4. 组织开展活动，成就自信学子

在学校多年的实践中，自信教育以学生为本，从学生的需求出发，着眼于学生的个性发展，力求人人参与、人人提高、人人不同、人人都好、人人自信，使每个人的潜力得到挖掘，从而得到最大限度的成长。在学生的个性发展中，提高学生的能力，从而提高学生的自信。为更好地进行习惯养成教育，学校从学生的行为养成教育入手，培养学生的文明就餐美德，落实文明乘车；为加强心育，学校教师成立了"心情部落工作室"，为望小学子提供贴心的服务；为弘扬学生的自信魅力，开展"金歌嘹亮""七彩脸谱""快乐篮球""校园吉尼斯"等校本课程，使学生在活动中挖掘自己的内在潜力，挑战极限、超越自我，树立自信，让每位学生在属于自己的那一片天空中成为最闪亮的星星。

5. 形成家校联盟，助力自信少年

自信教育的实施不仅仅要靠学校，还要依靠各种教育主体，结合各方优势，形成教育合力，助力自信少年。

家校共同育人，构建自信家庭。打造自信学生，离不开一支无私奉献的自信家长队伍。家校合作既是校内向校外延伸的一个途径，又是校外向校内渗入的助力点。学校多年来为达到家校合作的无缝衔接，打造一支守望自信的护卫军，紧紧围绕学校"自信教育"开发了"套餐式自主管理"的家校合作新模式，建立责任与爱并行的家委会团队、服务与奉献至上的家长志愿者团队、监督与管理相融的家长驻校团队、指导与评价并重的家长导师团队。鼓励家长以自信的眼光看待孩子，以鼓励的态度对待孩子。

自信教育是一种着眼于学生终身发展的精神教育。在自信教育理念的浸染下，学校积极打造自信校园、自信课堂、自信教师、自信学生，使自信成为学生成长的精神支柱，教师提升的精神力量。让师生自信快乐地成长，已经成为学校不断追求的目标。培育阳光师生，助力自信师生，让师生都自信、勇敢地飞扬起来吧！

丛培荣

2017 年 5 月 16 日

目　录
CONTENTS

第一章

确立自信教育特色

现代社会对人才素养的基本要求是敢于挑战、勇于实践、善于学习、富于创造，展现这些品质的前提就是自信。《有一份宝藏——呵护生命的教育》一书中对教育和自信有这样的阐述："只教给人知识，而没有教给人自信的教育称不上成功的教育，知识有老化的时候，而自信却能让心灵永远不老。"① 因而，开展自信教育是全面实施素质教育，也是培养学生核心素养的基本要求。孩子树立了自信心，便能感受到成长是幸福的，不断更新自我是幸福的，学习是幸福的。唤醒孩子的自信心应当是教育的根本目标，从这个意义上说，教育就是唤醒自信心。无论是周弘老师倡导的"赏识教育"，还是卢勤老师倡导的"告诉孩子，你真棒"，其教育理论基础均为自信教育理念。学校在环翠区教育局的指导下，启动了自信教育的特色创建工程，以"让每个孩子自信快乐地成长"为办学目标，以"自信开启成功之门"激励着每个人，将自信理念深深根植于望小的每个人心中，形成具有望小共同价值追求的可持续发展的和谐校园。

---

① 徐国静：《有一份宝藏——呵护生命的教育》，长虹出版公司，1999 年。

第一节 理论背景 深挖内涵

自信是迈向成功的第一步，是健康的心理状态，是承受挫折、克服困难的保证。自信对人的自我实现有着不可替代的作用，培养学生的自信心是学校教育的特色。

一、自信教育解读

1. 自信的定义

自信是一种反映个体对自己是否有能力成功地完成某项活动的信任程度的心理特性，是一种积极、有效地表达自我价值、自我尊重、自我理解的意识特征和心理状态，也称为信心。在《汉语词典》中，自信是指相信自己有能力实现一定愿望的心理状态。英语中的"confidence"一词源于拉丁文的"confidential"，是指"信赖、相信""感到有把握的状态"，自信则是指个体信赖自己或自己处境的一种情绪。因此，可将自信理解为由积极的自我评价引起的自我肯定。

自信是心态的核心，它几乎贯穿于心态的各个方面，是由积极的自我评价引起的自我肯定并期望受到他人、集体和社会尊重的一种积极向上的情感倾向，是一种积极的心理品质，是促使人们向上奋进的内部动力，是一个人取得成功所必备的良好心理素质和健康的个性品质。它来源于超越自己，表现为超越他人，是展现个性的一个重要方面，也是人们从事工作和创造活动、进行生活、交际等不可缺少的心理因素。在现代社会中，我们所说的自信心是一种应该具备的很重要的心理素质，是个性心理健康的重要条件。《现代汉语词典》中，对于自信的解释是相信自己有能力实现一定愿望的心理状态。自信必须建立在对自己和对事物的正确认识的基础上。缺乏自信使人畏缩不前，过于自信或盲目自信，则会使人骄傲自满或陷于盲动；正确的自信能使人意志坚定，不怕困难。

2. 自信教育的内涵

对于"自信教育"，目前还没有一个明确的定义。在这里，我们认为自信教育是指学校运用各种具体措施来培养教师和学生积极向上的自信心理的过程。自信教育的特点是学校在完成国家规定的教育任务的过程中，用自信教育理念统领学校各项工作，通过较长时间的实践积淀，逐渐形成优质的整体办学风貌，从而使上至校级领导，下至全体教师和同学对学校自信教育这一教育理念有正确的理解和普遍的认同，并在各自的工作和学习中自觉地去践行。

自信教育的研究一般包括自信教育的相关理念意识、实践操作、过程行为、结果等。限于我校的实际，我们侧重从实践操作层面培养学生的自信心。

二、自信教育的重要性

自信是一个人成功的前提，而一个成功的人必定是一个拥有自信的人。实践证明，自信教育理念对学校管理和师生的身心发展都有重要的意义。

1. 自信教育理念有利于增强教师的责任感

如果一个教师自己都不自信，那么他的教育教学能力便可想而知，而自信教育有利于提升教师的自信。对教师而言，自信不仅是一种人生态度，更是一种责任。因为教师不仅仅传授知识，更以自己的言行品格潜移默化地影响着每一个学生。

2. 自信教育理念有利于体现我国现行的素质教育

素质教育是指依据人的发展和社会发展的实际需要，以全面提高全体学生的基本素质为根本目的，以尊重学生主体性和主动精神，注重开发人的智慧潜能，注重形成人的健全个性为根本特征的教育。要想使学生成为一个健全的人，必须首先是一个充满自信、健康活泼的人。

从素质教育的概念上来看，学校必须把提高学生的自信放在重要的位置上。

3. 自信教育有利于优化一个适宜于培养受教育者自信心的和谐育人环境

正如马克思所说的："人的本质并不是单个人所固有的抽象物。在其现实性上，它是一切社会关系的总和。"① 人创造环境，同时环境也创造人，这就要求思想政治教育优化环境，保证受教育者的可持续发展。然而，受教育者的可持续发展离不开其自信心的培养和增强。

---

① 马克思，恩格斯：《马克思恩格斯选集》，人民出版社1974年版，第60页。

三、自信教育渗透于学校生活每个细节

培养学生的自信心，在日常教学中自觉渗透自信教育，就应该成为每位教师义不容辞的责任。

1. 依托教材，无声渗透

教材上的知识看似是硬邦邦的"死知识"，但只要教师能够充分运用自己的智慧、生活体验与人生感悟去活化知识，就能使得教材中看似"死"的知识变为课堂上生动、活泼、形象、充满生命力的"活"知识，这种饱含教师情感和生命力的知识往往会对学生产生更强的刺激，激发广大学生积极地参与到课堂活动中来，进而培养学生的责任意识，增强学生的自信心。以语文学科为例，《语文课程标准》提到"语文教材是一个多元化、多层次的系统。它荟萃了古今中外的名篇佳作，反映了不同时代、不同国度、不同民族的审美情趣和文化修养，或跳动着时代的脉搏，或充满着生命的活力，或抒发对美好事物的热烈向往，或揭露腐朽丑恶的社会现象，都倾注了作者浓烈的情感"。打开语文书，一篇篇文质兼美的文章，一首首脍炙人口、流传古今中外的诗歌，几乎每个地方——语言、结构、哲理、构思等，无不凝结着人类的聪明才智与发明创造。阅读它们，人类壮观而漫长的奋斗历史，犹如一幅幅画卷，生动清晰地展现在学生面前，让学生在不知不觉中就能领悟人生的真谛，张扬生命的价值与意义；阅读它们，那记录着人类成长足迹的语言文字，它本身变化万千的演绎，犹如朱熹所说"半亩方塘一鉴开，天光云影共徘徊；问渠哪得清如许？为有源头活水来"。它让学生认识美，理解美，展示美。同时它也如杜甫所说"随风潜入夜，润物细无声"般的春雨，浇灌滋润着学生的心灵，使他们在灿烂的阳光下，自信健康地成长。在这些优秀的作品中，我们不乏能够教给学生如何找到自信、建立自信的好教材。如读毛泽东的《沁园春·长沙》，我们不仅可以引导学生陶醉在诗人笔下所描绘的壮阔秋景中，更可以引导他们看到一代伟人在对大自然万类生物的激情关注中，融入自己对人生的积极追求，对家国命运的由衷关怀以及为了改造旧中国英勇无畏的革命精神和自信豪情。再如读李白的《将进酒》《行路难》，我们在帮助学生解读到这位天才诗人不为世所用的激愤的同时，也同样可以让他们感知到诗人"天生我材必有用""长风破浪会有时，直挂云帆济

沧海"的积极入世的愿望和毅力、决心以及旁人所不及的巨大自信。

2. 紧靠课堂，守住阵地

自信教育强调"自主、合作、探究"的课堂学习方式，在这种精神的指导下，要求一线教师能够努力营造学生自我展示舞台的课堂氛围，注意建立平等、民主、合作的师生关系，重视师生之间的积极、融洽的情感交流。和谐融洽的课堂气氛是实现成功教育的条件，作为教师在课堂上要放下架子，走下讲台，到学生当中去，师生关系应是平等、合作的关系，是"战略伙伴"关系，而不是对峙、紧张的关系。用微笑面对每一个学生，做学生忠实的听众，对学生的回答要及时反应，多用"你真棒""不着急，再想想""不要慌，慢慢说""努力点，你能行"之类的话。只有建立民主、平等的师生观念，创造和谐、有感情的教学氛围，才能让每一个学生抬起头来走路，才能使学生真正地进入角色，大胆发言、自由讨论，想己之所想、说己之想说，从而充分给学生自我表现的机会，而这无形当中就达到了培养学生自信心的目的。

教学中注意信息交流的多向性，培养学生的合作精神。教学不仅是师生双向的活动，而且存在学生与学生之间的信息交流。人总是生活在一定的社会关系中，活动是学生生命得以表现的基本形式，活动过程是学生的潜能双向对象化的过程。同学之间相互合作，相互交流，相互弥补，共同完成学习过程，迸发出创新的智慧火花。因为人有联合他人的倾向，在和他人的交往中，有一种比个人更丰富的感觉，更能发展自己的自然禀赋。因此，在新课标精神的指导下，教师完全可以大胆灵活地运用合作、交流这种方式，如在课堂中有争论，就让学生动笔、动脑、动手自己做一做、想一想，在此基础上，再让学生进行小组合作交流。学生在合作交流活动中，不仅体验到个人的智慧有限，需要向别人学习，而且能感受到互动分享的快乐，从而又增强了学生的集体自信心与责任感。

随着素质教育改革和新课程改革的深入开展，"以学生发展为本"的教育教学理念已逐步深入人心。这要求教师必须尊重学生的差异与个性，充分了解每一位学生的心理状况和当前的知识水平，然后分层次地设置问题，有步骤地开展课堂教学。教师尽最大努力调动每一位学生，挖掘每一位学生的潜力，给每一位学生的发展提供切实有效的引导和帮助，给每一位学生创造成功与进步的机会，让每一位学生都感觉到教师对他有一份独特的希望与关爱。获得成功能带给人喜悦，是鼓舞人走向进一步成功的动力。在语文教学中，我们要设法让不同层次水平的学生在课堂上展示才能，创造各自成功的机会。

学生在获得成功体验、享受成功喜悦的同时，又会转化为进一步学习的巨大动力。比如，让写字好的学生上黑板写生字；每一次习作后，挑选优秀的学生习作推荐到学校文学社发表；有进步的作品在班上范读，甚至贴进"学习园地"；让朗读好的同学起来做"小老师"，给大家范读、领读等。让学生用行动把自己的优点和进步展现在别人面前，无疑就增强了他们的自信心。课堂上同学们的肯定态度，就能很好地激励学生的自信心。

3. 多元评价，体验成功

对学生的评价应立足于促进学生的全面发展，在各类评价中都用发展的眼光看待学生，不根据一次评价给学生武断地下结论，允许学生有再检测的机会和权利，直至学生自己认为满意为止。根据学生的实际情况，不断地对评价的内容、形式等做适当的调整，使之更加贴近学生的认知水平和心理特点，进一步培养学生健康的心理素质。日常课堂教学中的激励性评价往往能让学生体验成功的喜悦，在学习中充满自信。教师充分肯定学生参与学习、勇于实践、大胆探索的勇气和态度，即便学生存在着某些问题，教师也要在指出问题帮助其纠正的同时，大张旗鼓地肯定其获得成功的那一部分，哪怕是很小很小的成功，也加以充分地肯定和激励，那么在学生的学习中，学生的自信和勇敢必将得到很好的激发。学生是否能够充满自信地投入学习，就要看教师是否给他们以激励和指导；学生是否乐于参加学习，要看教师是否树立起了学生学习的信心、是否调动了学生学习的积极性。可以说，教师对学生的评价激励，在一定意义上直接影响着学生学习的自信和兴趣，与此同时也影响着学生学习的深度和学习的效率。

教师在教学工作中往往忽略了对学生的心理保健工作，没有真正地起到教育学生的作用，其教学效果也不尽如人意。可见，在教育教学中渗透自信教育，也是教育的目的使然。本着"让每个人充满自信"的教学理念，有效利用学科教学的优势，大胆在课堂上落实"自信教育"，这种自信教育不仅能与新课改的追求不谋而合，更为教师创新并丰富自己的教育艺术开辟了一个新的天地。

6

第二节　特色历程　深度解析

　　自信是心理健康的需要，是一个人学业、事业成功的保证。人没有了自信，就像一个人没有了灵魂一样，没有了方向，没有了目标，没有了激情，没有了生气。自信是承受挫折、战胜困难的保证。"世上无难事，只怕有心人。"自信的人，在挫折面前表现出的是冷静，无所畏惧，有"兵来将挡，水来土掩"的大无谓精神。不论什么样的挫折，不论什么样的艰难困苦，在他的面前，没有解决不了的。自信是展示自我、与人交往的需要。

一、学校概况

　　现代社会是充满竞争的社会，敢于挑战、勇于实践、善于学习、富于创造是现代社会对人才规格的基本要求。而这些品质无一不与良好的心理素质密切相关，在众多的心理素质中，自信心的培养显得尤为重要，所以培养学生的自信心，教学生会表达、会学习、会生活、会礼仪、会健身、会才艺、会技能、会挑战是每位教师义不容辞的责任，也是全面实施素质教育的基本要求。

　　衡量一个人或一个民族是否有足够的自信心，关键是看他对待现实和未来的态度，因此，"自信教育"的宗旨是让每一个孩子都有获得成功的体验，让每一个孩子都能自信快乐地成长，从而脚踏实地、满怀信心地迎接崭新的明天。

　　1. 自信特色提出的背景

　　今天，随着改革开放的进一步深化，我们国家在现代化程度和人民生活水平不断提高的情形下，应当不断增强我们整个民族的自信心，而自信心的建立则应该从小学生抓起。

　　小环境要求：以薄弱环节为特色创建突破口。我校地处城乡结合部，外来务工人员子女占到 1/3 以上，学生家长为双职工，打零工现象较多，家长无论是经济基础还是育子理念相对比较落后和匮乏，学生普遍缺少自信心，不敢说、不敢做，胆小怯懦，尤其在课堂表达、活动参与方面明显不如城里孩子阳光、自信。

因此，我们提出"自信教育"，就是让每一个孩子都能抬起头来走路，挖掘个体优势资源，打造优势项目，以自信表达为突破口，以吉尼斯挑战为展示平台，明确以培养学生自信心和进取精神为重点，落实核心素养，全面开展素质教育。

2004年，针对由于地处环翠区和经区两区交界处，生源上比较薄弱，在课堂表达、活动参与方面明显不如城里孩子自信的情况，我们提出"我能行"特色办学理念，总结出一套"我能行"特色素质教育评价体系，编创"我能行"韵律操，创建生活技能特色训练项目，完成"快乐飞绳"活动项目的开发。

2009年，将"我能行"素质教育深化提升，提出自信教育理念，将"我能行"特色教育与学校核心价值观"自立于山，信念如水"相融合，确立了以"让每一个孩子都抬起头来走路"为办学目标的自信教育特色，积极倡导个性化学习，创建"自信、乐观、努力、超越"的人文氛围，研发"金歌嘹亮""自信表达"等必修校本课程，"七彩脸谱""快乐篮球"等学科特色项目，初步构建起特色课程体系框架，并将自信教育理念推向课堂。2013年学校获得 AA 级特色学校称号。

2014年，学校发展自信教育理念，确立自信教育的核心目标，明确师生的发展目标，课程体系日渐成熟，自信课堂模式和评价体系完善，自信表达的训练落实到位。2015年学校获得 AAA 级特色学校称号。

学校培养"关爱赏识""反思成长""一专多能"的自信教师，培育"十二会"自信学生，贴合师生发展要求，形成具有各个学科特点的课堂教学模式，有力地培养了学生的表达能力。接下来，将继续在课程体系深化、核心素养提升、文化系统形成等方面进一步研究，以自信表达为突破口，落实对学生自信生活、学习的培养和实践，挖掘他们的自身潜能，内炼品行，外塑技能，促进学校向优质、雅行、精品型校园发展。

2. 确立自信的教育思想

自信是一种正确、积极的自我理念和自我评价，是每个人"人格结构"中的本质因素，是成功的关键。学校立足于山水之间，融高山之节，纳流水之魂，自立于山，信念如水，藏头两个字"自信"教育就成为了学校的办学特色，寓意外承山水之豪气，内敛自信之锐气，外塑形象，内修雅行。

望小打造并丰富校园文化，传承自信内涵，内化师生精神素养，让校园的每一面墙壁和每一个角落都成为彰显自信的理念、展示师生成长的平台。学校激发教师自主成长的积极性，挖掘需求成长的内驱力；展示教师成长过程，内化发展软实力，欣赏教师付出的努力，会激发教师成长的动力。教师通过自己的努力，力求现在的自己优于过去的自己，一专多能，成为博学、敬业、雅行的教师。学校为每个孩子创建适切课程，尊重每个人的特点、爱好和不同的性格，使每个人的潜力得到挖掘，从而得到最大限度的成长。在自信课堂中，有笑声、有掌声、有质疑、有辩论，即使回答错了，也理直气壮。利用校本课程，积极打开学生视野，开拓学生发展空间，提升自信内涵，让学生在日益多元化和个性化的社会中挖掘潜能，找到自信的源泉，从而培养个性突出、悦纳自我、快乐阳光的自信少年。

从儿童心理发展的角度来看，"自信教育"强调尊重学生人格和个性发展，培养自信，保持自尊，激发勤奋，帮助儿童完成小学阶段的心理发展和学习任务。强调教师和家长对学生成长的影响，共同努力为孩子创设一个宽松的支持性的成长环境，帮助每个孩子体验成功。在体验的过程中，着重引导学生正确对待成功与失败，既能从成功中获取自信，也能从失败中学会反思，面对困难，顽强进取。同时根据多元智能理论，充分看到每个孩子的长处，坚持多角度评价学生，最大限度地挖掘每个孩子的潜能。自信教育，突出"教师与学生共成长，家长与孩子共提高"的立体化多元发展理论。

二、自信教育的理念目标

办学愿景：主动学习，快乐工作，永远做更好的自己。

办学理念：自信开启成功之门。

办学目标：让每个学生自信快乐地成长。

核心目标：个性突出、悦纳自我、快乐阳光

校风：自信、乐观、努力、超越

教风：清、实、活、严

学风：学、思、知、行

1. 学生样态：乐学、向美、知礼

（1）乐学——会表达、会研究、会赏识、会合作

①会表达

不惧怕表达，愿意当众表达自己的想法，且神态落落大方。

表达时做到口齿清晰，声音洪亮，语言流利，表意清楚、有条理。

②会研究

有良好的学习习惯，对学习内容善于探究。

认识和了解自己的优势和弱势，不断在学习中扬长避短，弥补不足。

③会赏识

愿意向他人学习，虚心学习他人的长处和优点。

能积极肯定和表扬他人的优点，会鼓励他人，不嫉妒他人。

④会合作

学习中乐于展示自己，主动交流自己的所感所悟。

与同学友好相处，合作学习中相互配合，懂得尊重他人，会为他人着想。

（2）向美——会运动、会才艺、会读写、会创新

①会运动

具有锻炼的意识和习惯，能坚持每天运动一小时。积极参加体育技能的学习，至少掌握两项运动技能。

积极参加篮球、足球的技能学习，将"快乐飞绳"和"花样踢毽"作为基础性运动项目，积极参与并展示所学。

②会才艺

爱好艺术，具有一定的审美能力，培养多种审美情趣。以兴趣爱好及个性特长为出发点，参加多种艺术学习，有较好的艺术修养。

积极参加学校组织的各类艺术活动，扎实掌握"金歌""脸谱"等特色校本课程，勇于在不同场合展示自己的艺术才华。

③会读写

愿意与书为友，诵读经典，充实自我，积极进行读书交流。

积极参加学校语文学科"快乐读写"特色校本课程，会讲故事、会创编儿童诗、会给诗配画、会当众演讲。在大胆读写的基础上，激发个体的学习主动性与潜能，展现出个人的个性特质。

④会创新

在学习中敢于大胆创新，有敢于质疑的新思维、新思想，每学期有优秀的创新作品。

在科技发明方面能做出突出成绩，学写科技小论文，制作科技小作品，积极参加各项科技活动。

（3）知礼——会微笑、会问好、会感恩、会自理

①会微笑

深刻了解"微笑"的内涵，将"微笑"作为望岛学子特有的明信片。

见到老师、同学能主动示以微笑，表示友好。在社会中，也能时时处处展现自己的微笑，给他人带去一丝温暖，传递社会正能量。

②会问好

知道基本礼节（握手、敬礼等），会正确使用基本的文明用语（您好、请、对不起、没关系、谢谢、再见等）。

懂得基本的问候礼节，向父母、长辈问候和致谢时，要根据时间、场合、节日的不同，采用不同的称谓及问候语。

③会感恩

尊敬师长，有礼貌。关心、孝敬父母，体谅父母的辛劳，主动帮长辈干一些力所能及的事情。热爱、关心老师。

有"尊重生命，感恩他人"的大爱情怀。在家，每天至少做一样家务活；在校，积极为班集体做贡献，懂得感恩回报每一个曾帮助过自己的人。

④会自理

热爱生活，善于观察生活，积极在生活中汲取知识，敢于面对挫折和挑战，勇于参加社会实践活动。

积极学习生活技能，动手能力强，随着年龄的增长，逐步掌握 20 种以上的生活技能，并会举一反三。自己的事情自己做，不依赖长辈，自理能力强。

2. 教师样态：博学、敬业、雅行

（1）博学——会读书 会技能、能专长、能发展

①会有计划地开展读书活动，每学期至少读 2 本以上的专业性书籍，做到腹有诗书气自华。

②会三笔一话和专业技能等基本功，并积极提高技能；学习并掌握现代教育技术，运用现代技术激发学生成长。

③能有自己的教育专长，愿意通过不同的途径展示自己的专长，用自己的专长辐射和带动教师和学生。

④能制订"1＋1"个人发展规划，并根据自己的具体情况开展学习，使自己每个学期都有所发展。

（2）敬业——会反思、会研究、能教书、能育人

①会积极反思和积累，在不断的反思和积累中进步和成功。

②会根据每学期的教学和学生发展的要求，开展小课题研究，形成对学生成长有帮助的教学经验。

③能重视对学生的学习习惯和学习能力的培养，通过多种方法引导和促进学生快乐学习和成长；能针对不同学生，开发选修课程，并使自己开发的选修课程得到学生的欢迎，培养学生不同的能力。

④能根据不同学生的特点开展教学活动，做到因材施教。

（3）雅行——会关爱、会赏识、能沟通、能共赢

①会关心、爱护、尊重学生，关注每一位学生心理，平等对待每一位学生。

②会科学使用评价方法，善于发现学生的优点和亮点，激励学生自主发展；会欣赏同事和伙伴的进步、成长与成功，并积极学习。

③能举止文明，语言得体，与学生、同事、家长沟通和谐，做到诚心、耐心、细心、贴心。

④能团结、关心同事和伙伴，与同事和伙伴合作学习，协助共赢。

中国古代哲学家老子说过："知人者智，自知者明。"自信是陪伴人一生发展事业和快乐生活的终生受用能力。那么我们如何将自信教育落实到每个孩子身上，并成为他们带得走的能力？通过哪些途径让学生拥有这一能力？怎样让每一个孩子自信快乐地成长？经过我们系统的思考、探索和实践，围绕着"个性突出　悦纳自我　快乐阳光"这一目标，落实培育"乐学、向美、知礼"的学生，构建起具有我校特色的自信教育体系。

学校以"自信教育"为办学特色，积极践行"让每一个学生自信快乐地成长"的办学目标，坚守"自信、乐观、努力、超越"的良好校风，重点培养学

生的自信表达能力，将礼仪、生活、挑战、艺术教育融入三级课程中，自主研发"生活技能　练出自信""金歌嘹亮　唱响自信""七彩脸谱　绘取自信""快乐篮球　弹出自信"等特色校本课程，让自信教育特色熔铸于学校工作的各个层面，传承学校文化底蕴和传统精神，厚实学校历史文化积淀，全面培养学生乐学、向美、知礼的优秀特质，引导学生永远做最好的自己。

三、特色建设的成果与思考

自信教育经过多年的探索研究，取得了一些成果：

1. 凸显了学生的生命样态，形成了积极的学习文化

自信教育为每个孩子的特点考虑，以培养学生自信特质为目的，开设适合每个孩子特点的适切课程，全方位立体化地促进学生自信快乐地成长。因而，每一位学生的个性得到张扬，特长得到发展，优势得到赞赏，弱势得到弥补。在望小生活的每个孩子的生命样态得到最好诠释和凸显，很多孩子在成长的过程中显示出他们强劲的发展动力。

2014 年 5 月，我校张熠闻同学在山东省机器人创新比赛灭火项目中，获全省第二名的好成绩；2015 年 9 月，机器人舞台剧表演获国家级二等奖。2016 年 7 月，我校有六名学生参加"山东省首届艺术才艺电视大奖赛"，在单人演唱节目中，分别获得一、二等奖的好成绩。

近几年，学生的绘画、书法在国家、省市区级的比赛中频频获奖，刊登在各种杂志中；一批孩子在各级电视台各类节目中展示他们在演唱、演奏、舞蹈等方面的才艺。学校的学生合唱队多次获区级比赛一等奖。

学生的班级合唱队每天唱响金歌，并将金歌演唱带到家庭中，带到社区中，给每个家庭和社区的爷爷、奶奶、叔叔、阿姨带去欢乐。孩子们的生活技能也越来越纯熟，他们的文明礼仪也越来越规范。走进望小的人，都会看到孩子们积极向上的精神状态和文明有礼的举止，听到他们文雅知礼的问候和礼让。孩子们的成长让老师们和家长们欣喜不已。

2. 激发了教师的职业激情，形成了自主的成长文化

教师成长的"三五三培养体系""三自主"的社团活动，青蓝结对和同伴互助的成长共同体等契合教师工作的实际需求，辐射教师素养的每个层面，挖

掘教师成长的内因驱力，展示教师收获的靓丽风景，内化教师发展的实力，激发教师的成长动力，通过努力，使教师每天都优于过去的自己。自信教育实施以来，学校市级区级优秀教师、师德标兵、教坛新星有 12 人，有 5 位教师执教省市优质课、公开课，30 多位教师获区优质课奖励，发表各级论文 100 多篇。"博学、敬业、雅行"的教师特质逐渐形成，他们也用自己的优秀品质影响和带领着学生们，很多家长来信对学校、教师给予了高度的评价。

3. 推动了学校的发展态势，形成了学校的发展特色

学校通过创建理念文化，构建校园文化、班级文化、处室文化、活动文化，形成了具有自己特色的发展态势，提升了学校的办学品位，促进学校向优质、雅行、精品型校园发展。

在自信教育实施过程中，学校陆续获得全国德育先进实验学校、山东省规范化学校、山东省安全文化建设基地、山东省花园式单位、威海市电化教育示范学校、威海市校园绿化先进学校、威海市未成年人思想道德建设先进单位、威海市篮球传统项目学校、威海市电化教育示范学校等荣誉称号；2015 年荣获环翠区 AAA 级特色学校称号。

学校的金歌赛歌会、校园吉尼斯挑战活动成果刊登在《齐鲁晚报》。校本课程成果《让每个孩子抬起头走路》在《威海日报》《威海晚报》上发表。"生活技能"校本课，受到众多媒体的关注，曾先后在《山东少儿电视台》《环翠教育报》《威海晚报》《威海教育》《威海青少年》《少先队干部》等媒体上进行专题报道，新浪、搜狐等各大网站也争相转载，社会好评如潮。家校合作经验《心手相连，与自信家长同行》在《威海晚报》上刊出。家长合唱团带动家长们自信演唱的做法受到媒体关注，多次到学校采访，并将事迹刊登在《素质教育》《威海晚报》《威海教育》《威海青少年》等媒体中。《威海教育》刊登了我们自信教育特色和打造自信课堂的系列研究成果，包括《让每个孩子自信快乐地成长》《为教师成长引入源头活水》《让学生爱上"表达"》《小老师开讲啦》《辟一片表达的"小园香径"》等；《自信开启学生成功之门》《银杏树下，自信飞扬》《让自信成为学生课堂的常态》《适合学生的，就是学校最好的教育》发表在《素质教育》和《教学与研究》杂志上。

在环翠区首届少儿电视才艺大赛活动中，我校获"优秀合作单位"称号。

教育科研成果《课堂自信表达能力的培养》获区级一等奖；十二五市级课题《小学生自信表达能力的研究》顺利结题；丝网花社团获市级优秀社团称号，并进行了市级社团活动的展示。

四、特色建设的发展与方向

1. 优美的环境文化建设方面

合理增加各种宣传看板或壁画，进一步丰富校园文化内涵，加强教师办公室文化建设，愉悦教师身心，让教师在优美的环境中工作、学习；发挥师生的才智，用别致而有意义的名字命名各个功能室，让质朴的校园充满人文气息和积极向上的自信氛围。

2. 高雅的教师文化建设方面

在教师中广泛、深入开展"教师读书工程"，打造书香校园，使班主任、任课教师、管理人员有选择地读书，让读书有成效，不流于形式，进而用教师的读书风暴引领学生全面开展书香创建，营造浓厚的人文气息、书香气息。

3. 特色的课程文化建设方面

进一步将自信表达拓展课程做精、做细、做实、做活。对于校本课程选修课，充实师资配备，满足学生的自主选择需要，充分挖掘学生自身潜能，让校本课程真正地为培养"合格＋特长"的孩子服务。

养成一种习惯，培养一种兴趣，学会一项技能，形成一种素养。为了培养学生的自信品格，我们会一直秉承学校的特色教育理念，脚踏实地地研究适合孩子的教育教学方法。卢梭曾说道："最好的教育就是学生看不到教育的发生，却实实在在地影响着他们的心灵，帮助他们发挥了潜能，这才是天底下最好的教育。"为了培养孩子的自信能力，我们将不断地追寻特色本质，播撒自信种子，静待自信花开。

第三节　行动策略　深化落实

"为每个孩子创建适切课程，培养个性突出、悦纳自我、快乐阳光的自信少年"是我校构建自信特色教育体系所遵循的理念。在这个体系中，乐学、向美、知礼三大课程构筑起自信教育特色课程体系，它分为必修课程和选修课程两种，充分运用国家、地方、校本课程在培养学生的内涵修养、外形素养、技能训练、心理疏导等方面的作用，全方位立体化地促进学生发展。自信教师的培养、自信文化的营造、自信家长的培育成为保障体系。在操作的过程中，我们一直倡导尊重每个学生的特点、爱好和不同的性格，使每个人的潜力得到挖掘，从而得到最大限度的成长。

一、营造自信环境，浸染自信气质

1. 理念

校园文化是一个不断建设、反思、提高的整体工程，是学校可持续发展的动力。打造以物质文化为基础、精神文化为核心的学校文化，是向师生渲染、诠释、展示、根植自信的力量源泉。

2. 目标

打造并丰富校园文化，传承自信内涵，内化师生精神素养，让校园的每一面墙壁和每一个角落都成为彰显自信的理念、展示师生成长的平台。

3. 具体实施

（1）丰富自信校园，内化精神素养

在校园的明显处书写"自信"二字，让师生还没有进校门就能看见这两个字，天天在"自信"中开始工作和学习。一处是学校教学楼北墙四楼处的"自信"，一处是校门东边花坛中石头上刻的"自信"；校门口东西花坛两边的石头上刻着关于自信的"善、和、乐、美"四个字；在教学楼南面墙的东西两侧，分别书写教师、学生的样态——"博学　敬业　雅行""乐学　向美　知礼"，师生每天耳濡目染。这些富有独特意韵的信字文化、信字艺术，彰显了我校的教育特色——自信文化，让每一位走进望小的人都能感觉到浓厚的自信底蕴。

（2）建立自信处室，凸显师生风采

教学楼走廊南墙的文化展示平台，主要分布在各个办公室和班级的墙上，我们以打造"自信班级""自信团队"为口号，结合班级特色及办公室特点，师生齐动手，自主策划主题和内容，以个性化的呈现方法，最终做到班班有主题、室室有特色，展示望小学生、教师、办公室和班级对自信教育的落实和追求。

（3）打造自信长廊，滋养自信内涵

教学楼一楼展示的是对自信特色的诠释，二楼是"七彩脸谱"校本课程的内容，三楼是信息技术和科技激发自信的内容，四楼是"金歌嘹亮"校本课程以及教师、学生成功日记的内容，展示学校自信教育的理念、做法以及学生自信的表现。

（4）建构自信楼梯，共享自信资源

主楼楼梯展示的是"自信开启成功之门""自信 乐观 努力 超越""乐学 向美 知礼""博学 敬业 雅行"；西楼梯一楼厅是"吉尼斯榜"，展示在学校吉尼斯挑战活动中，各个项目的优胜者；西楼梯墙面是"礼修自信"校本课内容，图文并茂的礼仪修身守则、礼仪行动指南、礼仪行为掠影，使学生所学知识与实践得到有机结合，知行统一，处处彰显君子、淑女风范；东楼梯主题是"快乐的节日"，围绕社会主义核心价值观，全面展示我校学生蓬勃向上的精神风貌，将一年中的各大节日，从元旦、端午至中秋等传统佳节汇编成节日集锦，再配上活泼可爱的十二生肖，深化了传统文化教育，塑造学生美好心灵。走廊拐角处的"图书角"便于学生课间在此随机阅览自己喜欢的书籍，营造浓厚的书香氛围。"益智园"中三五名学生或对弈或围观，既开发了学生的智力，又丰富了学生的课余生活，每到午休时间，这里便成了孩子们最喜欢的乐园。

（5）自信韵律操，抒发自信情感

学校自主创编了自信操，自信操配着激发学生积极向上的乐曲和《我能行》歌谣，"相信自己行，才会我能行。别人说我行，努力才会行。你在这里行，我在那里行。今天若不行，明天一定行……"让师生们每天边做操，边内化自信教育意义，坚持每天做更好的自己。

　　学校充分发挥校园的文化宣传作用，使学校整个校园和墙面都在向学生渲染自信的理念，传达自信的精神，激发全校师生对学校办学目标的认同感和作为学校一员的使命感、归属感，形成强烈的向心力、凝聚力和群体意识，同时，还能对学生起到潜移默化的教育作用。

二、完善自信课程体系，建立适切课程

1. 理念

　　为每个孩子创建适切课程，培养个性突出、悦纳自我、快乐阳光的自信少年。

2. 目标

　　尊重每个人的特点、爱好和不同的性格，使每个人的潜力得到挖掘，从而得到最大限度的成长。

3. 自信教育课程体系

课程分类		语言人文类	数学科技类	运动健康类	艺术审美类	品格修养类
国家课程		语文 英语	数学 科学 综合	体育	音乐 美术	品德与生活 品德与社会
地方课程		传统文化	信息技术	安全教育	写字	国情教育 环境教育
校本课程	必修校本＋国家课程拓展	快乐读写	数学宝典	快乐篮球	金歌嘹亮 七彩脸谱	生活技能
	选修课程	主持人课程 英语课本剧课程	机器人课程 网页制作课程 废品制作课程	篮球课程 田径 足球 跆拳道	舞蹈合唱 陶艺国画 丝网花衍纸 软笔书法布艺 纽扣画　刮画 剪贴画　面塑	

	基础课程	开放课程	节日课程	活动课程	修身课程
德育课程	开学第一课 毕业典礼 建队日 生命教育 心育教育	家长开放日 亲子活动 家长驻校 志愿活动 家校实践活动	春节 清明节 端午节 劳动节 国庆节 重阳节 中秋节 感恩节	快乐飞绳 艺体文化节 吉尼斯挑战 义卖活动	礼修自信 养成教育 影视教育 公益教育

整个课程体系以"乐学、向美、知礼"三个维度为纬，以日课程、周课程、月课程、学期课程、年课程为经，深层运用国家、地方、校本课程和德育在培养学生的内涵修养、外形素养、技能训练、心理疏导等方面的作用，为每个孩子的特点考虑，通过选修课程、吉尼斯挑战课程以及开放性课程，开设适合每个孩子特点的适切课程，全方位立体化地促进学生自信快乐地成长。

三、打造自信课堂，夯实自信根基

1. 理念

课堂是打造自信教育的主阵地，教师通过建构尊重、包容、平等、合作的课堂氛围，促进学生自信成长。在自信课堂中，有笑声、有掌声、有质疑、有辩论，即使回答错了，也理直气壮。

2. 目标

落实自信课堂三个维度：保护尊重每个学生，激发学生的求知欲，建立平等和谐的师生关系；养成想表达、敢表达、会表达、能表达的习惯，培养自信能力；关注每一个学生的成长，尤其是后进生、弱势群体，实行个教育，为学生自信夯实基础。

3. 具体实施

（1）夯自信底基石之一：规范师生语言

在日常的教学中我们发现，教师和学生课堂上的语言都很随意，缺少条理性，课堂语言也非常贫乏，这直接导致了课堂的无趣，学生缺少学习的激情和信心。

因此，学校首先规范教师和学生的课堂语言，规范学科教师课堂用语和学生课堂用语，将课堂常用语编制成《爱蕴自信课堂用语手册》，要求每位教师和学生都要学习和掌握这些课堂语言，并进行实践。通过指导运用，为培养学生良好的表达习惯做好铺垫。

（2）夯自信底基石之二：落实课堂常规

好的行为习惯是自信的外在基础。为规范学生的课堂行为，学校制定《望岛小学自信课堂常规细则》，运用教学生说唱"课前自信歌""课后整理歌"评选学习习惯小明星等形式，对课堂上的坐姿、书写、表达、课后整理等各方面都做了细致具体的要求，让学生有章可循，从而更好地规范自己的课堂行为。

（3）夯自信底基石之三：课堂实践表达

根据学校自信教育特色的目标，结合学科教学特点，探究学科自信课堂的培养基点、目标以及策略，形成具有特性的自信课堂评价标准，并结合小课题的研究，充分利用课堂，开展对学生自信表达底蕴的培养，使课堂成为培养学生自信、体现学校特色的主阵地。

语文学科，通过引领学生积累词语，充实学生的语言库；通过有感情地朗诵课文，丰富学生表达的情感，感悟表达的魅力；通过学习写句子和段落表达的需求，体验表达的快乐；通过学会互相鼓励和点评实践表达过程，提升表达能力。

数学学科，通过课堂质疑了解学生的课前预习情况以及对新知识的掌握情况，激发学生自信表达的兴趣；通过算理讲解，培养学生缜密的分析能力和逻辑思维能力，提升学生自信表达的能力；通过课堂上梳理知识框架、形成知识体系，让学生感受到数学的逻辑美，同时潜移默化地提升学生梳理、总结知识的自信心；通过课堂上自我表现评价，激发学生积极向上的学习情感和自信体验。

英语学科通过对话、朗读、游戏等环节，科学学科通过动手操作、叙述发现过程等环节，音体美学科通过展示学习成果、运用游戏形式等环节，体现和实践自信表达。

（4）夯自信底基石之四：快乐读写，丰盈自信表达

学校倾力打造的具有语文学科特色的"快乐读写"拓展课程，通过活动内

容的建构、师生互动等途径，激发学生的学习主动性与潜能，让不同层次的学生都能开口表达，学会表达，热爱表达，潜质得到发展，能力得到发挥。

"快乐读写"课程的具体内容：

年级	快乐读写——写系列	快乐读写——说系列
一年级	银杏枝头的记忆——小荷日记	读诵童话
二年级	银杏叶上的童谣——趣味童诗	品画诗词
三年级	银杏树下的经典——经典美文	讲事说理
四年级	银杏园中的足迹——成功日记	播报新闻
五年级	银杏园中的足迹——名著佳作	自信演讲

"快乐读写"课程由语文教师具体实施，一、二年级的自信表达课程为周四的校本课程时间，两项内容间周进行，每次活动一课时；三、四、五年级的自信表达课程与语文学科的作文练习和口语表达相融合，由语文教师根据教学进度进行随堂活动，每周每项活动至少一课时。活动中将采取个人自评、小组互评和教师点评三级评价结合的方法，体现教学中以学生为主的理念。

（5）夯自信底基石之五：自信宝典，充实自信表达

数学学科挖掘学科特点，在三、四、五年级中开发"自信宝典"系列板块活动。内容包括自信宝典之知识梳理、错题整理、拓展积累、基础巩固四个板块。

板块一——知识梳理：对学生来说，每节课学习的知识是零散的、单一的，但知识之间又是有着密切联系的，所以每学完一个单元，教师就引导学生对所学的单元知识进行梳理，提炼重点、难点，总结解题方法，从而形成相对比较完整的知识体系。这样有助于发展学生的数学思维，并在知识梳理的过程中提升了学生学习的自信心。

板块二——错题整理：通过引导学生把课堂练习、作业以及单元测试中出现的错题进行整理并写出解题思路，从而更好地帮助学生查漏补缺，对本单元的知识掌握得更扎实，还可以成为学生复习时的第一手资料。写错题的解题思

路，让学生把每道题的思路说出来并整理成文字，对学生的自信表达形成了文字性的支持。

板块三——拓展积累：优等生都是学有余力的学生，课本上的内容往往不能满足他们对知识的渴求，所以通过这个板块，引导优等生广泛猎取和搜集与本单元知识有关的拓展内容，这样为优等生提供了学业提升的平台，更好地拓展优等生的数学学习能力。

板块四——基础巩固：对学困生来说，他们更多的是基础知识掌握得不够扎实，所以我们充分利用板块四的基础巩固，教师选取课本上一些基础的计算题和应用题，让这部分学生有针对性地进行练习，帮助他们进行知识的再巩固，当基础知识掌握得越来越扎实后，学困生学习的信心就越来越足了。

"自信宝典"的系列板块活动，既照顾到了全体又关注到了个体，既体现了全纳教育做到了因材施教，又关注到了个体的发展，而且无形中提升了学生学习的自信心，一举多得。

四、开发特色校本，润泽自信内涵

1. 理念

尊重学生的个性差异，提升学生的主体性，培养学生的创新意识，为每个孩子的兴趣找到适合的发展空间。

2. 目标

利用校本课程，积极打开学生视野，开拓学生发展空间，提升自信内涵，让学生在日益多元化和个性化的社会中挖掘潜能，找到自信的源泉。

3. 具体实施

校本课程的开发立足实际，深入挖掘，努力做精、做细，形成富有我校特色的一系列校本课程。通过整合选出"金歌嘹亮 唱响自信""生活技能 练出自信"两门学生必修的校本课程，同时根据学生的需求，开设了七彩脸谱、快乐篮球、丝网花、舞蹈、器乐、合唱、机器人、衍纸、田径等20余门选修校本课程，积极打开学生视野，开拓学生发展空间，厚实自信内涵。

（1）必修校本课程——打开视野，开拓空间

①与音乐学科整合——金歌嘹亮，唱响自信

学校精心挑选了50多首经典爱国歌曲为必唱曲目，创编"金歌嘹亮，唱响自信"的特色合唱校本课程讲义，学校通过音乐课堂上教歌、每天五分钟练歌、每天早晨金歌欣赏20分钟等活动，不仅生生学歌、班班唱歌，还以学生辐射到家庭、社区，让学校、家庭天天有歌声；然后通过"金歌合唱比赛""每月赛歌会""艺体文化节""金歌闯关、考级"等活动，为家长、学生提供展示的舞台，使学生的潜力得到挖掘，信心得到张扬，让歌声承载学生、家长的自信一路飞扬。

本学年围绕金歌特色，我们顺利完成了三、四、五、六、九、十月的赛歌会，家长合唱团的成立，艺体文化节的金歌展演，学期末的金歌考级。与此同时，学校举行了"2＋1"金歌闯关活动、校园艺体文化节、庆六一文艺会演、军训成果汇报暨合唱比赛、"童心向党，唱响金歌"等多种展示学生金歌演唱的活动，为学生提供展示的舞台，激发学生对金歌的浓厚兴趣。最终，人人都变得愿意张口唱，敢于大胆张口唱，自信心得到极大提升，得到了家长和社会的一致好评。

②与实践活动整合——生活技能，练出自信

根据学生的年龄特点以及生活的需要，我们共开设了20项生活技能的训练。每个年级学习四项，上、下学期各两项，通过这些活动的教学和实践以及展示比武等，让每个学生掌握不同的生活基本技能，提高生活自理能力，使学生真正成为生活中的小能人。

（2）选修校本课程——尊重兴趣，培养特长

学校根据调研学生的兴趣和爱好，结合学校教师师资特点，开发了语文人文、艺术审美、体育健康、科技创新四大类20多个选修课程。例如，语文人文类的主持人、英语课本剧课程；艺术审美类的七彩脸谱、丝网花、陶艺、口风琴、国画、刮画、纽扣画、合唱、舞蹈等课程；体育健康类的快乐篮球、跆拳道、田径、足球等课程；科技创新类的机器人、网页制作、废品小制作等课程。而学生则根据自己的意愿进行自由申报参加，并在每周四下午第2节课的集体选修时间实行走班制。每个课程的活动小组都制订详尽的活动计划，学期结束时，每个参加选修校本课程学习的学生，通过各种形式的学习成果展，展示自己的学习所得，展示自己的收获。

五、完善德育课程，熔炼自信特质

1. 理念

以学生兴趣和动机为基础，以培养学生自信特质为目的，让学生在活动中收获成长的快乐，体验成功的喜悦，感受自信的魅力。

2. 目标

帮助学生树立积极、乐观、勤勉、向上的生活态度，促进学生动手实践，提升品性和修养，形成优秀的自信特质。

3. 具体实施

（1）礼仪修身，外秀自信风采

礼仪课程是每一个学生人生旅途中必修的一门课程，注重礼仪的自我修养，能够充分展现出一个人自身的人格魅力。学校的"礼仪修身　外秀自信"课程是由"小故事大道理""格言警句""行动指南""礼仪歌谣"四部分组成。"小故事大道理"，向学生阐述生活中的礼仪道理；"格言警句"，运用古今中外伟大的名人名言或世间流传千年的警世俗语，告诫学生"礼"字的重要性；"行动指南"，编写的遵守、讲究礼仪的具体做法和要令，对学生的行为起到立竿见影的点拨作用；"礼仪歌谣"，将礼仪编撰成节奏明朗的儿歌，让学生在朗朗上口的阅读中达到熟读成诵的境界。通过礼仪课程将学生的礼仪修养内化为学生的自觉行为，使自信礼仪成为学生心中永不泯灭的灯塔，指引学生做自信快乐的自己。

（2）塑德活动，内化自信品性

①明自信之理——养成教育活动扎实

制定《校内养成教育评价细则》和《校外养成教育评价细则》，确立校内外习惯养成月目标，以丰富的主题活动为载体，以敬老孝亲、传统佳节等活动开展为切入点，通过落实"四个一"活动，抓实校内常规训练，强化校外习惯养成，教导学生言行合一，明自信之理，绽自信风采。

②赏自信之花——主题特色活动丰富

利用德育课渗透社会主义核心价值观，拓宽德育特色活动，引导孩子们做爱国、文明、诚信、友善的小公民。通过组织观看"道德模范短片"，开展"学雷锋做美德少年""进社区，做小小志愿者"、校园美德少年评选等活动，使学生成为雷锋精神的宣传者和实践者。创新形式开展"我们的节日"——清明节、端午节、中秋节和重阳节等系列主题实践活动，使每一个学生成为社会主义核心价值观的践行者，做社会主义建设的"四有新人"。

③育自信之果——自主套餐管理合力

以家委会牵头，成立望小"心联盟"家长志愿者团队，引领家长全面参与学校活动并自主管理，全心全意为学生服务。在活动中，一批批责任心强、技术高超的各项"技能导师"进校指导，他们既当学生有效的指导者，又做孩子严格的考核者，让学生在实践中得到锻炼与提升。由此，家校合作实现了无缝衔接，让家长成为学生提升生活能力的引导者和监督者。

（3）艺术操练，搭建自信平台

依据学校传统特色项目，结合学生的年龄特点，学校创设了丰富多彩的艺术活动，让学生在活动中学习，在活动中成长。

①艺体文化节，飞扬自信

经过几年的发展，我们摸索出一整套推动学生快乐健身、学习艺术、积极创新的评价方法，并坚持全员参与、分级目标、逐层竞赛的原则，很多学生在这个活动中享受到拥有自信、体验成功的快乐，快乐飞绳、花样踢毽的各项纪录不断被刷新，科技创新、艺术作品精彩纷呈。

②校园吉尼斯，挑战自信

校园吉尼斯挑战活动，主要包括学校吉尼斯固定项目与吉尼斯个人自创项目两种挑战形式。学期初，学生先进行自由申报、自主练习，而后进行班级吉尼斯挑战赛，确定出各个项目中表现出色的班级吉尼斯星；脱颖而出的班级吉尼斯星们再向校级吉尼斯星发起挑战。通过校园吉尼斯挑战活动，使每个学生都能够通过活动挖掘内在的潜力，挑战极限、超越自我，树立自信，让每位学生在属于自己的那一片天空中成为最闪亮的星星。

③爱心跳蚤场，升华自信

自信不仅是培养出来的，更需要在实践中进行磨炼与提升。举办跳蚤市场，把社会剪影浓缩于校园之中，让学生在实践中磨炼自信，是我校体现自信内涵的又一特色活动。在活动中，让全校学生从中体验以物换物、以钱购物、推销买卖的各种乐趣。力求在实践中磨炼学生的自信，提高学生的自理、自立能力，增强合理理财、合理消费意识，同时，学生将义卖所得捐出一部分给红十字会，用来帮助社会上一些弱势群体，在大爱中彰显自信品质。

第四节　文化育人　润物无声

一、校园文化

校园文化是一种氛围、一种精神，是一个学校发展的灵魂，是凝聚人心、展示学校形象、提高学校文明程度的重要体现，在学校教育中起着潜移默化、润物无声的教育作用。以"自信"为核心的校园文化，丰富和提升了学校教师文化、活动文化和课程文化的内涵。学校文化对学校各个系统的调节、控制、激发和创新起到了良好的作用，推动了学校的可持续发展。学校在经历了2004至2009学年的初创阶段、2009至2013学年的成长阶段、2014年至今的上升阶段，主要抓文化润校、质量立校和特色亮校，在文化浸润中推动教师专业发展，促进学生自主发展。

1. 校园文化的定义

校园文化是学校所具有的特定的精神环境和文化气氛，是以学生为主体，以课外文化活动为主要内容，以校园为主要空间，以校园精神为主要特征的一种群体文化。它是以社会主导文化为基础，又以本校的价值观为核心，蕴含着学校传统、领导作风、教师教风、学生学风、人员素养、校园环境等丰富的内涵。简言之，校园文化包括学校的物质文化、学校的制度文化、师生的行为文化和精神文化。校园中的一切都在以不同的方式影响着学生，塑造着学生。因此，我们将校园文化定义为以校园为空间，以学生、教师为参与主体，以精神文化为核心的物质文化、制度文化、行为文化相统一的具有时代特征的一种群体文化。

2. 校园文化管理的重要性

学生上学不仅要学习科学文化知识，更重要的是感受一种文化的熏陶。积极、健康、向上的校园文化氛围能够帮助学生坚定信念、涵养德行、开阔胸襟、启发智慧、提高情趣、健康身心，从而激发他们的潜能和创造力，促进他们的全面发展。文化的缺失将导致学生有知识没文化、有技艺没灵魂、有智力没情怀。呼唤文化自觉、文化立根、文化育人，也成为当代社会和当代教育面临的重大课题和神圣使命。

爱因斯坦曾指出："只教会人一种专门的知识和技术是不够的，虽然它使人成为有用的机器，但不能给他一个和谐发展的人格，最要紧的是，人要借着教育得到对事物及人生价值的了解与感悟，人必须对从属于道德性质的美与善有亲切的感觉，对于人类的各种动机、各种期望、各种痛苦有了解，才能和别的个人及社会有合适的关系。"在现代历史条件下，人们片面追求教育的科学价值而忽视教育的人文价值，将会造成教育的科学价值与人文价值的失衡与冲突；在育人功能上，片面促进人的认识心理和科学理性的发展，而忽视促进人的情意心理和人文精神的发展，从而造成人的认识与情感、意志及科学理性与人文精神的失衡冲突。纵观古今中外的名校无不以严谨的治学观念、深厚的文化底蕴哺育一代代有健全人格的英才而闻名于世。"人作为文化的创造者，他在创造一个自己生活于其中的文化世界的同时，也创造着人自身。"教育之为教育，正在于它是一种人格心灵的"唤醒"。因此，加强校园文化建设，是教育本质的体现，是教育的必然回归。校园文化有潜移默化、规范陶冶的素质教育作用，主要体现在以下几点：

（1）校园文化有耳濡目染作用

校园中的花草树木、板报、橱窗、广播、电视等，贴进学生生活，反映学生现实，学生耳熟能详，深受学生喜爱，其教育效果不可低估，所以学校应重视这些文化设施的建设和使用，使其成为教育学生的园地，培养人才的摇篮。

（2）校园文化活动有深刻教育作用

校园中征文、竞赛、文艺演出、展览、歌咏会、运动会等活动，是学生学会合作、学会发展的重要契机，既可以活跃学生学习生活，又有利于学生智力的开发和能力的培养。校园文化活动对学生有深刻的教育作用。活动能力强的学生，一般学习成绩也好，而学习成绩好的学生，却未必都有较强的活动能力。因此，校园文化活动是造就人格、健全人才的重要因素之一，理应受到学校重视。

（3）校园文化有推进素质教育的作用

校园文化作为一种学校精神，既由学校全体成员创造，同时它又塑造这个群体，主要通过创造一种特殊的文化环境来实现课堂以外的教育目的和教育效果。这种目的和效果的实现依靠的是潜移默化的情感沟通、思想感化。因此，校园文化在推进素质教育中有着不可忽视的重要作用。

3. 丰富与提升以"自信"为核心校园文化内涵的策略

校园文化是学校的物质文化（包括硬件设计、地理位置和校园环境等）、精神文化（包括办学宗旨、教育目标和校训、校风、教风、学风等）、制度文化（包括管理理念、规章制度和行为规范等）、践行文化（包括管理机制、教育态度和师生发展等）组成的有机整体，强调的是相辅相成、相得益彰。

首先，我们以"自信"为核心，确立了我们的办学目标："让每一个孩子都抬起头来走路。"让每个学生能够选择适合自己的发展道路，在优质服务的环境下，充分获得自主、和谐、多元发展，以人的发展促进学校的发展。

（1）建设以"自信"为核心的师资队伍

形成以"自信"为特征的学校文化，首先要建设以"自信"为核心的育人队伍，培养具有"充满自信、敢于探究、追求成功"的教师。教师是学校育人环境中最重要的因素和资源，只有教师有了积极的良好的成功体验，才会把这种积极的情绪带给学生，最终实现学校全体人员的成功。

要让教师充满自信、敢于探究、追求成功，我们必须全力以赴地做一件事情——为教师的成长与发展提供帮助、提供条件、提供服务。教师的成长只有在良好的氛围中才能够持续发展。这种氛围的形成，需要领导者不仅仅在口头上更应该在实际行动上高度重视和支持。通过"关注"去创设每个教师能够不断成长发展的环境，教师才会充满自信，同时，也给教师敢于探究、追求成功提供支撑。

要让教师充满自信，学校必须为教师提供专业发展成功的条件，而营建和谐、宽松、平等、民主的校园环境是助推教师专业成功的前提。

创设民主、平等、相互尊重、相互合作的人际氛围，坚持"引领、开拓、超越"的教师管理原则，从改变学校管理者的职能着手，引导学校的管理者手拿"旗子"引领，努力为教师发展搭建平台，提供服务，提供资源，从根本上实现教师管理职能的转变。

学校坚持以教师发展为本的理念，教师在和谐、宽松、平等、民主的氛围中，感受到被尊重，在追求满足、追求成功中更加自信。教师的自信为构建以"自信"为核心的校园文化，奠定了良好的人际基础。

（2）构建以"自信"为核心的实践活动

从广义上看，育人活动是师生共同参与的教与学的实践活动。我们根据师生实践活动的认识，通过三个渠道的实践，努力实现学校的办学目标，构建以"自信"为核心的学校文化。一是以完成课程计划内容的各门具体学科的课堂教学活动；二是课程以外的、由学校组织的、发展学生爱好特长的各种文体、艺术、社团活动；三是以学生德育为主的班级和团队活动。具体的做法是：

①改变现有的课堂教学模式，使课堂教学成为自信教育的主阵地

课堂是学校教育的主阵地。因此，研究如何在课堂教学中激发学生的自信心是十分重要的，我们通过课堂实践，开展了分层递进和"分类促特"的教学研究，制定"爱蕴自信"课堂用语十条，培养学生具有超越前人、超越自己的勇气，树立创新意识，培育创造精神。

②构建以培养"充满自信的望小学子"为主要内容的少先队活动的新模式

我校少先队活动模式构建，其出发点是最大限度地满足儿童的生存、安全、娱乐、自主、求知、合群、荣誉、审美、求新、至善等主体需要，兼顾学习、教育和娱乐、游戏两头，使两者并举并且巧妙结合。活动体现的原则是自动性、趣味性、参与性、教育性。活动与学校系列德育活动有机结合，通过形象化的手段使它们融为一体。我们以民族精神教育提升学生的道德观，使学生成为充满自信的望小人。民族精神的核心是爱国主义，通过寻访、说说、做做，切实加强队员的思想道德。

号召每一位少先队队员、儿童团员都来做一位民族精神的小传人，做一个了不起的中国人。队员通过上网、寻访身边的英雄来了解我们中国悠久的历史，了解了不起的中国、了不起的中国人。

通过开展"四爱"（爱学校老师、爱父母长辈、爱班级同学、爱国家社区）活动，让队员从不同的角度去体会民族精神的要素和人生价值的标准。少先队活动，提升了学生的道德观，真正使学生成为充满自信的望小学子。

③构建以"自信"为特征的校本课程

课程是实现培养目标的主要途径，也是形成学校特色的主要途径。因此，

在进行特色学校建设过程中，我们充分重视课程特色建设。与国家课程开发基础性和统一性的特点相比较，校本课程开发，我们充分尊重和满足师生以及社会、学校教育环境的独特性和差异性。考虑学生的需求，突出学校的课程特色，编排适合学校办学特色的校本教材。

从当今丰富多样的社会发展和学生个性发展需求出发，依据学校"充满自信，敢于探究，追求成功"的培养目标，以及具体的师生特点，教育资源和学校的办学特色，充分让学生遨游在自然科学和社会科学的海洋中，去发现、去思考、去探究、去创造。并根据学校层面、教师层面和学生层面的实际状况，分别开发了"自信表达""全员必修""个性选修"三大类校本课程，目的是让学生通过这些课程的学习，从过去的成绩成功走向学习的成功，最终走向发展的成功。

作为校本课程的学习，必然会涉及评价的问题，校本课程学习评价，我们以激励性的评价为主。学校制定了一系列有益于校本课程开发与实施，有利于学校特色形成的"向阳花奖章"奖励机制。结合争章活动，把课程目标融入低、中、高年级的校本课程内容之中，通过争"创艺章""感恩章""勤学章""互助章""奋进章""美字章""自理章""责任章""表达章"等共10类奖章，让学生在学习活动中有一种积极的良好的情绪体验。让这种学习活动过程，成为学生充满活力的生命过程。以"自信"为特征的校本课程开发，为创建特色学校提供了有力的保证。

二、班级文化

班级是学校的细胞，是学生学习、生活、成长、发展的场所；班级，是学生学习知识、人格成长、社会性发展三位一体的环境。而班级文化是影响学生发展的重要条件。

我校以实现"班班不同、班班精彩"为目标，从"班级特色、班级环境、班级制度、班级精神"四方面，着力"专、雅、恒"三种班级文化，推动"自信班级"的创建，使学校的每个班级都能打造出一张富有内涵的"专属名片"。一是打造"专"文化。每个班级结合师生的特长优势，进行班级特色项目的定位与建设，着重打造班级自己的"专属品牌特色"。二是营造"雅"文化。通过参观学习和总结评比，引领班级环境"雅"文化的建设，陶冶、提升学生的品格情操，激发学生热爱班级、热爱学校的情感。三是坚持"恒"文化。以"刚需制度"为主，"自主制度"为辅，加强班级制度的建设。在师生持之以"恒"地内化制度的过程中，不断促进良好班风的形成，这种"恒文化"需要时间的考验与积淀。

1. 班级文化的含义

学生在一个班级中，会自觉或不自觉地受到班级文化的影响，自觉或不自觉地去建设、丰富班级文化。如果我们把不同的班级加以比较时，我们就会发现，不同班级的学生在理想追求、行为方式上，确实存在着差别，这就是不同班级文化的表现。这种差别可能不是教师有意造成的，但是它却潜在地、以无意识的形式影响着这个班级中的学生。建立良好的班级文化，塑造积极向上的班级精神，能展示学生的生命、张扬学生的个性，因而研究班级文化建设是非常有意义的。

班级特色文化反映的是班级这个特定的社会组织的价值观念和行为准则，渗透在班级的一切活动之中。它是以班级为主要活动空间，以师生交往为主体，以班级物质环境、价值观念和心理倾向等为主要特征的群体文化。简单地说，所谓班级特色，是在班主任的指导下，班级师生通过教育、教学与管理活动，创设和形成的精神财富文化氛围以及承载这些精神财富最有活力的基础，体现了一个班级特有的风格。

第一，班级文化是一种班级师生所认同的群体意识和行为规范，而不是少数人的意识，它包括班级倡导的价值观念、道德规范和班级精神。这是班级文化的核心和精髓。

第二，班级文化是一种管理思想和方式。班级文化是以育人为中心，以激发班级师生为实现班级奋斗目标而努力为目标的。由此可见，班主任的一个重要职能就在于倡导和培育班级文化。

第三，班级文化是随着班级的建立和发展而生成发展起来的，作为一种文化形态，它是客观存在的，没有有无之分，只有优劣之别。

我校各班在学校的统一安排下，开展了班级文化建设活动。各班在班主任老师的指导下，群策群力，主动参与班级建设，让班级充满活力，充满人情味，充满昂扬向上、积极进取的文化氛围，使班集成为我们每一个学生温馨的家。

2. 班级文化的重要性

（1）班级文化促进学生之间的认同感

班级文化促进学生之间的相互认同，并提供了彼此分享各自体验的环境与氛围。成员间不同类型的互动，实际上也是不同文化在不同水平上的交融与整合。班级文化使得学校各群体间的价值与行为间的冲突得到了缓解，尤其是师生之间的价值与行为的差距缩小，彼此产生共同的文化基础。

（2）班级文化重视学生的主体地位

班级文化可以更好地调动和发挥学生的主体性，并提供更多自主活动的空间，从而满足了学生的归属和依存需要，合理对待班级各种非正式群体，更好地发挥不同学生的特色与优势，从而提高班级的凝聚力。

（3）班级文化可以提高学生的智能水平

学生有旺盛的精力和强烈的好奇心，课堂教学不能满足他们的求知需要。班级开展各种丰富多彩、健康活泼的课外文化活动，能使他们获得许多课外知识，锻炼多方面的能力，唤起学生学习的热情，形成一种催人积极进取的良好气氛，有利于学生智能的开发。

（4）班级文化对学生的行为有诊断和矫正作用

当有的学生表现出缺乏自我控制力，或受一些不良社会风气的影响时，就会逐渐暴露出一些问题，教师和同学的批评与督促会帮助他们认识缺点并加以改进，从而引进其道德行为朝着健康的方向发展和变化。因此，它具有明显的行为导向功能。通过各种兴趣小组、文体活动、板报等形式，寓班级文化于各项活动之中，从而把班级所需要的行为方式树立起来，让学生知道班级和学校倡导什么、反对什么，应该怎样做、不能怎样做。班级文化通过自身的感染力，影响着学生的行为规范、思想道德观念及生活方式的选择，使学生在潜意识状态之下接受信息，获得感悟和启迪。

（5）班级文化能增进学生的身心健康

开展班级体育活动、文娱活动等，寓教于乐，寓教于美，能使学生保持愉快的心境，提高审美情趣，拓宽视野，活跃思维，丰富想象，启迪智慧，美化心灵，增强体质，促进学生的身心健康发展。

3. 班级建设——打造"班班不同、班班精彩"的"自信班级"

围绕学校"自信教育"特色，以实现"班班不同、班班精彩"为目标。从"班级特色、班级环境、班级制度、班级精神"四方面，着力"专、雅、恒、魂"四种文化。以此推动"自信班级"的建设，使学校的每个班级都能打造出一张富有内涵的"专属名片"。

（1）班级特色，打造"专"文化

根据班级的实际情况，结合师生的特长优势，进行班级特色项目的定位与建设，着重打造班级自己的"专属品牌特色"。

保障措施：

第一阶段：学期初，为特色项目申报阶段。德育处从"申报特色项目优势分析、特色项目工作措施与活动保障、特色项目预期成果及展示形式"三大方面入手，引导班级进行特色项目申报；德育处根据申报情况进行审查与调控，在最大限度上统筹、优化班级的申报项目，使各班的申报项目真正凸显出不同的自信特色。

第二阶段：三月至六月，为特色项目打造阶段。班级以学校集体活动与班级个体活动相结合的方式，开展形式多样的特色项目打造；德育处将以"不定期抽查"和"定期考察"的形式，对各班级的落实情况跟踪督查，保证打造过程扎实有效，不浮于表面。

第三阶段：六月、七月，为特色项目成果展示阶段。汇报形式：一是可以依托学校"艺体文化节""金歌赛""课堂自信表达""生活技能""庆六一"等大型活动进行；二是可以借助家委会活动、班级小型活动申请进行；三是可以把平时累积的照片资料及录像资料，自制成"班级特色项目微视频"进行呈现。

（2）班级环境，营造"雅"文化

教室环境是班级形象的标志之一。进行班级环境"雅"文化建设，既能显示良好的班级形象，也可以陶冶、提升学生的品格情操，激发学生热爱班级、热爱学校的情感。

保障措施：

教室净"雅"。通过早点、晚点及主题班队会，培养学生良好的卫生习惯；

制定科学机动的卫生制度，实现人人参与，自己的地盘自己管理；德育处加强检查和监督，并以"师生"结合的形式定时检查、总结、考核。

教室绿"雅"。学期初，以"绿雅班级"为主题，号召学生以小组为单位养护"绿色盆栽"；与植树节相结合，开展"班级种植"活动。既为教室添绿，又培养学生爱绿护绿的意识。

教室美"雅"。学期初，师生协同进行精心设计、巧妙布置"银杏树下、自信一家人、班级公告栏"等区域，突出各自班级的不同特色；加强班级文化宣传内容，能够把班级的特色项目及多彩活动班级文化建设呈现出来。

（3）班级制度，坚持"恒"文化

以"刚需制度"为主、"自主制度"为辅，加强班级制度的建设。在师生持之以"恒"地内化制度的过程中，不断促进良好班风的形成，这种"恒"文化需要时间的考验与积淀。

保障措施：

熟知"刚需"制度。内容包括《中小学生日常行为规范》"社会主义核心价值观""中国梦内涵""志愿者精神""三项行动"以及学校制定的明文制度；级部为单位进行日常的达标检查；德育处将根据时间节点进行检查考核。

建立"自主"制度。学期初，各班级根据实际情况制定适合"班情"的自主制度，包括课堂常规制度、文明礼仪制度、用餐制度、三节三爱制度等；利用班级宣传栏张贴制度，让班级中每一位学生都能潜移默化地知晓制度。

注意事项：制度的执行要持之以恒，不能朝令夕改；鼓励学生把制度记在心中，落实到行动。

（4）班级精神，突显"魂"文化

班级精神文化属于观念形态，主要涵盖精神面貌、凝聚力、集体荣誉感、团队意识、班级活动等内容。班有班魂才会保持自信向上的风貌，本学期将通过"魂"文化的提炼，有效引导班级学生的价值观、人生观。

保障措施：

班级精神的培养。学期初，师生共同协商、制定富有特色的班规、班风、班级自信口号；学期中，通过多种形式使其根植在全体学生的心里，并以此培养班级精神风貌。

班级凝聚力的培养。通过各种大型活动，培养学生团结合作的能力及热爱班集体的凝聚力；开展班级小型活动，加强班级凝聚力；依托"团体心理辅导小游戏"，促进班级凝聚力的形成。

班级活动的开展。通过学校开展的军训、运动会、艺术节等活动，培养学生的团队意识、集体荣誉感等；通过内容广泛、形式多样的家委会活动，能对学生的思想、观念起到潜移默化的促进作用。

优化人际关系。构建和谐的人际关系对自信班级的打造有着重要意义。师生关系：通过个体心理辅导，优化教师与学生之间的人际关系；生生关系：通过团体心理辅导，优化学生与学生之间的人际关系；家长关系：借助家长驻校、家长活动、班级 QQ 群等途径，加强沟通，优化教师与家长的关系。

三、管理文化

管理是决策、计划、组织、指导、控制的过程。学校领导要在思想认识上自觉，在修养境界上自觉，在具体行动上自觉，成为文化自觉和文化自信的倡导者和推动者，坚持"以人为本"的理念，按照"总体规划、分步实施、体现个性、促进发展"的原则，以科学发展观为指导，找准定位，扬长避短，以社会主义核心价值体系为根本，以学校精神文化建设为核心，以优化育人环境、建设优良学风校风为重点，应当努力建设体现社会主义特点、时代特征和本校特色的校园文化，推动校园文化建设与学校事业同步发展。

1. 建构对策

（1）总结办学传统，精心培育学校精神文化

学校精神是学校文化的精髓，办学定位、办学理念都要受其制约。全面提高学校教育质量，必须大力推进文化传承创新。人才培养、科学研究、社会服务与文化传承创新构成了学校的四项重要使命。学校要发挥自身的优势和条件，积极发挥文化育人作用，提升办学特色，创新办学理念，凝练学校精神，体现在学校的日常运营和管理工作中，渗透到学生培养教育的各个环节上。经过对学校精神的理解、认同，强化师生对学校的认同感和归属感，彰显学校精神的独特性和不可模仿性。

（2）科学规划，努力建设优美的学校物质文化环境

物质文化是学校文化的重要组成部分和重要支撑，是最能给人直观感受的部分，具体包括三方面的内容：一是学校的形象文化，二是校园建筑、景点等配套设施，三是校园文化阵地。学校要因地制宜，结合学校的地理环境、当地的风土人情和自身办学目标，对校园进行精心设计，统筹安排，使其别具一格，独显风韵。要将校园物质环境建设与学校所提倡的校风学风和学校精神有机结合起来，坚持寓情于景、寓情于物、寓教育于景物之中。自然环境要体现美与和谐，校园建筑要与学校的整体布局和风格相统一，人文景观要体现学校的文化传统与精神，让校园的花草树木、亭台楼阁、牌匾标志都成为学校精神的体现和育人教化的载体，让校园的每一个角落都能体现学校的办学理念和校园文化的浓厚气息。使身在其中的师生们深深感受到一种强烈的文化感召力，努力营造既健康向上、富于创新活力，又有鲜明特点和学校个性的良好育人环境。

（3）逐步规范，建设科学的现代学校制度文化

制度文化是学校文化的重要组成部分，是学校办学治校的基本保证，具有导向作用、制约作用和规范作用。学校要坚持依法治校和民主管理，科学把握学校内部学术权力和行政权力的关系、学校与社会各方面的关系，积极探索、建立符合时代要求的现代学校制度，加强党委领导下的校长负责制的各项制度建设，建立规范而且具有活力的科研、教学、干部人事等系列管理制度，完善教代会和工会民主管理制度，依法完善和切实执行校务公开制度，建立和完善情况通报制度、情况反映制度和重大决策征求意见制度，不断扩大教职工对学校工作的知情权、参与权和监督权，营造学校心齐、气顺、风正、劲足的良好发展环境。

（4）全员参与，开展丰富多彩的校园文化活动

学校要树立校园文化全员共建的意识，指导教学、管理和服务各系统的工作人员充分认识到自己在校园文化建设中的重要责任，充分调动师生参与的积极性。要注重依托班级、社团等组织，坚持面向基层，贴近师生，大力活跃班级文化、社团文化、学生生活园区文化和校园网络文化，让每一个师生都有参加校园文化的空间和机会，让大家真正动起来，提高活动的参与面和影响力。开展校园文化活动的目的是促进学生成长成才，在将学校文化与企业文化、商

业文化结合的过程中，要注意合作方式，严格活动管理，不能让活动成为企业的促销工具，降低活动的文化品位。

（5）严格管理，加强校园文化阵地建设

学校要坚持马列主义、毛泽东思想和社会主义核心价值体系在学校文化建设中的主导作用，加强思想政治理论课、文化素质教育课程、学生社团、文化活动、课外活动、第二课堂、网络文化等在内的各类阵地建设，加强对校报、校刊、校园广播、校园电视台、校园网的管理和校园周边环境的整治，有效消除各种不良文化现象对学生的侵蚀和消极影响；要注重建章立制，使校园文化活动有章可循，做到活而不乱、有张有弛；要按照量化精确评价和定性模糊评价相结合的思路，建立起既科学又具有操作性的校园文化建设评估制度，将学校文化建设纳入学校工作的考核体系，实现学校文化建设在学校层面的统筹协调和规划落实，扎实推进校园文化建设这一项系统工程。总之，学校是追求理想、追求真理、追求知识的象牙塔圣地，处于东西方文化交流融合的前沿阵地，是社会文化的展示台和风向标，是社会主义核心价值体系教育的重要场所。高品位的校园文化是一所学校的精髓和灵魂，一流的校园文化是铸就世界一流学校的必要条件。建设社会主义文化强国，学校责无旁贷。学校应当增强文化自觉和文化自信，进一步加强校园文化管理，大力推动文化传承创新，为推进社会主义文化大发展大繁荣、提高国家文化软实力做出新的更大的贡献。

2. 学校具体措施

为真正实现"为学生的幸福人生奠基"，使每一位学生成为自信、健康、智慧、不断超越的人，让学生学会学习、学会做事、学会交往、学会做自己，学校着力探索开展小学生自信教育。

（1）自信心培养的基本理念：个个自强，人人成才

新课程改革的核心目标就是要改变课程过于注重知识传授的倾向，强调形成积极主动的学习态度，使获得基础知识与基本技能的过程同时成为学会学习和形成正确价值观的过程。自信教育必须引导学生学会学习，学会合作，学会生存，学会做人，打破传统的基于精英主义思想和升学取向的过于狭隘的课程定位，关注学生"全人"的发展。

（2）自信心培养的基本原则

平等原则——平等地对待每一个孩子，为每一个孩子提供表现"我能行"的机遇；建立平等的师生关系，使学生感到安全、平等、民主，真正实现"个个自强，人人成才"。

差异原则——承认学生个体原有的差异和发展中的差异，对不同的个体应采取不同的教育方法及评价尺度；最大限度地发挥学生的潜能，确保下限，让每个学生达到不同的上限；承认学生在原有的基础上进步就是"我能行"。

激励原则——对学生关注、赞赏，善于发现学生的点滴进步，相信每一个孩子都有比别人强的"闪光点"；运用"正强化"理论，强化学生的良好行为，并运用"迁移"理论，促使学生从一点上的"我能行"迁移到其他方面的"我能行"。

主体性原则——学生是教育教学活动的主体，尊重学生，给予学生参与表现的机会与权利，让学生在参与中充分体验自我价值，树立信心，感到"我能行"。

创造性原则——学生在教育教学活动中的"再创造"是活动的灵魂，要让学生拥有创造的权利，给学生留有创造的时间和空间，使其获得创造的体验，得到鼓励、启示，引发创造的兴趣，培养创造意识，敢于创新。

（3）自信心培养的操作指标

在查阅大量资料的基础上，结合我校学生的特点，从自信表现和自信体验两方面分析，我们认为小学各年段有以下不同的自信心培养的操作指标，两种指标分别指向 1～3 年级学生和 4～5 年级学生，各项具体指标具有一定的梯度。

1～3 年级小学生自信心培养的操作指标

	具体操作指标
学业自信	1. 对各门学科都充满了兴趣，喜欢学习
	2. 能找到适合自己并通过努力能实现的学习目标
	3. 在老师的指导下掌握 2～3 种学习方法，课堂学习积极主动
	4. 主动完成个性作业
	5. 学习上遇到困难的时候能积极主动想办法解决

续表

才智自信	1. 遇事积极主动，对自己的能力充满信心
	2. 对于新事物、新观念充满了好奇和探究的精神
	3. 有服务社会、服务他人的意识
	4. 敢于表现自己的特长，积极地参与到艺术节、科技节、英语节、数学节等活动中
交往自信	1. 外向，好交际，善交往，能和别人大方地交往
	2. 易于亲近，受欢迎，人际关系好
	3. 努力发现别人的优点，多用鼓励话语
	4. 参与到人文校园氛围的营造中
身心自信	1. 认可自己的外在形象
	2. 目光朝前，昂首挺胸、精神饱满，语气坚定，说话有底气
	3. 喜欢运动，学会 1~2 种健身的本领
	4. 控制力好，善于表现，细心，遇事不乱

4~5　年级小学生自信心培养的操作指标

	具体操作指标
学业自信	1. 有一套好的学习方法，并能认真地投入学习中
	2. 能合理地分配时间，学好各门学科，对各学科学习有明确目标
	3. 在学好各门学科的同时，还能在课外对所学知识有一定的拓展和延伸
	4. 在学业上遇到失败时，能够坚持下去，相信通过自己的努力必定成功
才智自信	1. 相信自己只要努力就能处理好一切事情
	2. 敢于面对陌生的、自己不熟悉的领域，并充满了好奇和探究的精神
	3. 初步学会一些做事的基本技巧，提高做事效率
	4. 敢于在大家面前展示自己的特长，积极地参与到艺术节、科学节、英语节、数学节等活动中
交往自信	1. 友善，爱帮助别人，深得他人的信任
	2. 能和别人大方地交谈，发表自己的见解
	3. 正确认识他人的评价，并依照评价及时做出调整
	4. 参与到人文校园氛围的营造中

身心自信	1. 认可自己的外在形象，并能努力去维护它
	2. 勇敢，果敢，敢于尝试，敢说敢做
	3. 有原则，言行独立，坚持自己的看法，相信自己是对的
	4. 有干劲，认真，不屈不挠，想做的事一定去行动，而且想办法把它做好

（4）自信心培养的路径设计

自信心的培养要有机渗透在学校教育的各门学科、各个环节、各个方面，既要充分运用学科教学，传授科学的知识和方法；又要突出重点，利用课内课外相结合等方式开展形式多样的专题教育；更要坚持以实践体验为主，开展丰富多彩的心理辅导活动。我们主要设计了以下几条路径：

①在鼓励性学习中学会学习，培养学业自信

一些发达国家的中小学学生没有过多的作业，没有接连不断的考试，没有考分排名的尴尬，没有分数的一锤定音，这对我们很有启发意义。我们的任务就是要在学生的学习中，在任何时间与空间，关注每一个学生的发展，特别是关注学困生的发展，为他们创设一定条件，让他们也能获得成功的喜悦。在教学中具体体现在：关注每一位学生，关注每一位学生的学习情绪、学习情感，尊重每一位学生的差异。在鼓励性学习的过程中，发现他们的每一个闪光点，在学生学会学习的同时，让学习成为一个积累点滴自信的过程。

②在展示性活动中学会做事，培养才智自信

学会做事，这是教育的一项十分重要的内容。我们经常看到一些学生在学校里学习成绩很好，一到社会上，什么事也不懂。孩子因为没有最简单的做事能力，不会与人合作共处，连最起码的生活自理能力都没有，学习无法进行下去。这样的孩子还能干大事吗？做事是人生必备的能力。因此，我们重视学生做事能力的培养，同时还搭建多样的魅力展示平台，在展现学生风采的同时培养他们的才智。

③在赏识性交往中学会共同生活，培养交往自信

传统教育只强调好好念书，很少有参与合作的实践活动，因此学生在这方面的意识和能力都相当薄弱。学生无法适应需要合作的社会环境，无法融入整

个社会。我们倡导学生间一种赏识性的交往，让学生在交往中更多获取积极的评价，学会共同生活，从而让自己变得更为自信。

④在悦纳性辅导中学会"做你自己"，培养身心自信

一个人之所以需要接受教育，就是要实现由自然人到社会人的转化。我们必须看到，目前人类面临着自身生存与发展的一系列重大问题，我们必须处理好物质文明和精神文明之间的关系问题。只有具备高度的科学文化素养和人文素养，掌握基本的学习工具，具备基本的知识、技能以及正确的价值观和态度，才能充分发展自己的能力，才能参与社会的发展。

⑤自信心培养的载体创新

在操作体系中，学校实践生成了以培育学生自信心为核心内容，以实现学生学习、做事、交往、"做你自己"的变革为手段的小学生自信心培养操作系统。在鼓励性学习、展示性活动、赏识性交往、悦纳性辅导四大路径上找到了相对应的五大载体，即通过差异性教学、魅力展示台、赏识交往圈、自信训练营、自信集优袋五大载体，来演绎学校自信教育的精彩，促进学生健康成长。

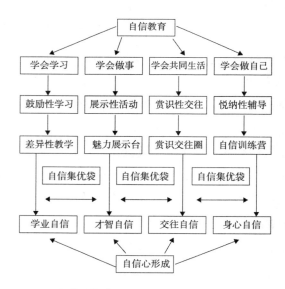

小学生自信心培养操作系统示意图

通过这些载体的运作，学生在相对应的载体上发生了转变，实现了学习的

变革、交往的变革和做人的变革，从而建立了学业自信、才智自信、交往自信和身心自信。而自信集优袋评价制度则是实现这些变革的保障，是学生建立自信最强大的助推器。

差异性教学——学生的差异是客观存在的，我们努力改变传统教学中用一个标准要求学生的方式，针对不同类型的学生，帮助他们找到适合他们特点的学习目标，并在教学活动中分层教学，让学生自主选择个性作业，实施多元评价，促使每个学生都学有进步。

魅力展示台——在学生学会做事的基础上，我们搭建多层次的个性魅力展示平台，有提高做事技巧的专项培训，有生活常规的强化，有各项特长的展现，充分地展示学生独特的才华、管理能力、组织能力、创造能力等，提高做事的效率，使学生体验成功的喜悦。

自信训练营——我们以有关自信的心理学知识作为强大的理论支持，以学校心理辅导站为中坚力量，成立了面向全体学生开放的"小学生自信训练营"，采用集体心理辅导和个别心理咨询的方式，引导学员在真诚与接纳的氛围中开放自我，彼此分享心灵探险的苦与乐，掌握一些提高自信心的技能，并在精心设计的团体心理互动中体会成功，从而全面提升自信，完善个性，悦纳自我，重建生命的整体健康，真正享受生活的快乐与幸福。

自信集优袋——自信集优袋评价制度伴随着学生的学习、做事、交往、"做你自己"，有效地促进了学生学业自信、才智自信、交往自信、身心自信的形成，是学校实施自信教育最强大的助推器。内设有学习袋、做事袋、创造袋、互动袋，收集学生在学习、做事、交往、"做你自己"各方面的评价。

第二章

构建自信课程体系

　　生活环境的影响、教育评价的束缚、展示平台的缺乏、激励引导的缺失等因素造成了相当一部分小学生自我效能感低下，自信心严重不足。这种状态严重制约了学生的可持续性发展和学校的内涵发展。为了改变这种状况，学校以培养全校学生的自信心为抓手，赋予自信教育以特色的内涵和外延，构建了一套自信教育校本课程。经过探索实践，学生的自信心显著增强，综合素质也有了明显提升。

第一节 自信课程 体系解读

一、培养目标

学校从特色理念出发，以引领师生"个性突出·悦纳自我·快乐阳光"为核心目标，以自信表达为突破口，落实对学生自信生活、学习的培养和实践，挖掘他们自身潜能，内炼品行，外塑技能，让每个学生都自信快乐地成长。

核心目标：个性突出、悦纳自我、快乐阳光

"个性突出"即尊重每个人的特点、爱好和不同的性格，使每个人的潜力得到挖掘，从而得到最大限度的成长。

"悦纳自我"即每个人了解自己，能够根据自己的特点积极开展学习，同时也愿意积极展示自己，并在与大家交流碰撞后不断提升，形成科学的自我认识观和积极的成长意识。

"快乐阳光"即自信的人是快乐和阳光的，面对困难能够积极面对，心态健康，能够积极学习并使自己不断成长，对学习、工作和生活充满和谐的正能量。

二、特色课程体系

围绕着学校办学理念和学生培养目标，我们将国家、地方、校本三级课程进行梳理及有效融合，使其成为具有序列化的个性鲜明的课程文化。我们的课程目标是高质量地完成国家课程，创造性地整合地方课程，高品位地构建校本课程，建设促进学生自信品格形成的特色课程体系。

我们课程的特征是：

全员普及——以生为本，全员参与，体现在课程实施过程中的人人参与，人人提高，人人不同，人人都好。

培养个性——尊重每个人的特点、爱好和不同的性格，使每个人的潜力得到挖掘，从而得到最大限度的成长。

自信课程具体框架如下：

	国家课程	地方课程	校本课程		
			特色课程	必修校本课程	选修校本课程
日	语文 数学		古诗词积累	金歌嘹亮 午间一支歌 习字一刻钟	口语表达类： 英语课本剧、 经典诵读
周	英语 科学 音乐 体育 美术 信息技术 品社（生）	传统文化 安全教育 民族大家庭	字词句汇 趣味童谣 看图写话 品赏诗词 片段描写 故事荟萃 随文练笔 新闻播报 读名著写佳作 自信演讲 自信宝典	快乐篮球 足球 跆拳道 七彩脸谱 英语剧场 书法课程	手工类： 废品小制作、 十字绣、段段绣、 丝网花、编织、 面塑、布艺、陶艺 音乐类： 舞蹈、合唱、戏剧、 古筝、二胡、琵琶、 电子琴、葫芦丝
月	综合实践	环境教育	生活技能 口风琴 自信礼仪	家庭科学实验 节日课程 读书课程 心育课程 养成课程	美术类： 硬笔书法、 软笔书法、 国画、瓶子画、 衍纸画、纽扣画
学期			快乐飞绳	开学课程 少先队队课程 图书漂流课程	创新类： 机器人、 小发明制作、 电脑制作、 标本制作、 益智类： 魔方
年			校园吉尼斯	入学课程 毕业课程 艺体文化节 跳蚤市场	

三、课程实施原则

坚持以学生发展为本，立足学校实际的基本原则。自信是成功的第一秘诀，这在某种意义上来说，什么时候有了自信心，什么时候你就开始了成功。所以让学生拥有"自信"，是素质教育的重要目标，也是对每个学生的基本要求。但我们学校的学生却在这方面存在欠缺，从实际出发，开发自信教育校本课程显得更加必要。

正确处理好与学科课程的关系，望小把自信教育作为学校教育的主题，要使学生自信素质得到提升，仅仅靠课外是不够的。课堂教育仍然是培养学生自信心的主渠道，所以自信教育课程实施必须与学科教学构成一个有机的整体。通过对学科课堂教学的改革，让学生成为课堂的主人，从而享受课堂学习的快乐和成功，提升学生的自信心。

充分利用和开发校内、外课程资源，丰富的课程资源有利于学生的全面发展，学校最大限度地挖掘、利用校内的人力、物力、财力，并聘请有关专家进行指导，充分发挥在不同岗位工作的校友的作用，同时与社区进行合作，最大限度地利用校外资源。

四、实践与探索

1. 确定校本课程的培养目标

（1）学校始终贯彻"以学生为本"的理念，通过校本课程的实施，使学生认识到：自信心的强弱直接影响到学生的学习态度，进而影响到对其他诸如学习兴趣、学习习惯、学习方法、学习动机等直接与学习有关的因素；自信作为影响学生学习的非智力因素之一，不但直接影响着学生的学习水平，而且也影响到其它非智力因素，比如情绪、人格、能力等。

（2）通过该课程实施，使学生提升自信心，并使学生学会主动学习，自主探索。在实践活动中，使学生学会合作，学会交往，具有爱心，培养学生良好的社会交往能力，形成学生健康的人格，全面提高学生素质。

（3）通过该课程的编写和实施，培养教师的创新能力，钻研精神，提高使用现代信息手段的能力，促使教师在理论上对新的课程形式和教学方法进行探索，提高教师的教育科研水平，同时也使教师在自信培养方面为学生做出表率。

2. 编写校本课程教材

（1）各项目标

教材目标：对学生进行自信教育，就是为了提高学生的自信水平，探索培养和训练学生自信心水平的途径和方法，促进学生的发展，促进学校的发展。学校从知识、技能、情感、德育四方面来制定目标。

知识目标：使学生懂得自信对人发展成长的重要性。

技能目标：使学生学会相信自己能学好，知道自己该怎么学好并能认真去做；使学生学会有良好的精神状态，能够笑对人生，既使遇到困难和阻力也不轻易改变信念或者放弃；相信自己的社交能力，能够和多数人融洽地相处，轻松自如地交往；对自己的能力充满信心，相信自己只要努力，就能处理好一切事情；相信自己是最好的，能够全面客观地评价自己、认识自己、悦纳自己。

情感目标：在学习中体验自信对自己学习、成长带来的好处，做到自信地对待学习、生活。激发学生的创新热情和探究精神，培养学生的合作能力。

德育目标：通过教育和体验，使学生增强自信意识，养成良好的习惯，具有责任感，初步形成唯物主义的科学观，养成良好的科学态度，形成积极的探究精神和创新品质，形成学生健康的人格，促使学生主动发展。

（2）教材内容

学校按照认知心理学、人的思维发展模式进行编排，分别从思考方式、行动与能力、习惯、个性品质和目标等方面进行阐述。

（3）教材编写方式

基本按照故事引入、阐明原理、具体操作、激励话语和作业思考等进行编写。其中具体操作部分是全册的重点，大家只要明了原理，然后按此去做，就能收到很好的效果。

第二节　拓展课程　双向立体

我校的"个性突出、阳光快乐、悦纳自我"自信课程体系，以"语靓自信、文启自信、美润自信、体健自信、巧扮自信、礼修自信"六个系列为纬，以"日、周、月、年"课程为经，充分运用国家、地方、校本课程在培养学生的内涵修养、外形素养、技能训练、心理疏导等多层次、多角度的作用，全方位、立体化地培养自信学生。"银杏树下"自信表达拓展课程，就是其中一个方面，它以班级为单位，融经典诵读、自信表达为一体，与语文学科相结合，旨在通过系列的诵读、品味、欣赏、表达，以及观察、积累和书面表达等活动，达到让学生"敢说写、会说写、善说写、乐说写"的目标，从而真正实现"让每一个学生都能抬起头来走路"的育人目标。

为打造双向、立体的自信表达拓展课程，学校通过完善课程讲义、建构活动内容、形成师生多元评价方式等活动激发学生学习的主动性与内在潜能，让不同层面的学生都能在活动中乐于诵读、敢于表达、善于写作，挖掘潜质，提升自信。

"银杏树下"自信表达拓展课程分"读写系列"和"诵说系列"两个系列，由语文教师具体实施。一、二年级自信表达拓展课程时间为周四的校本课程时间，每次活动一课时；三、四、五年级自信表达拓展课程与作文练习、口语表达以及课前五分钟等结合起来，两系列间周进行。

年级	自信表达——读写系列	自信表达——诵说系列
一年级	字词句汇	趣味童谣
二年级	看图写话	品赏诗词
三年级	片段描写	故事荟萃
四年级	随文练笔	新闻播报
五年级	读名著　写佳作	自信演讲

这些内容根据每个年级学科课标对学生读写和诵说的要求，结合学科教材的有关内容进行提炼和提升，对每个内容的每项训练要求做了具体的规定，强化对学生的口语表达和书面表达的能力训练。编写教材的时候，教师还关注到了学生的年龄特点，因此在指导内容上更加贴近学生的生活，指导方法上更加灵活和有感染力、号召力。

一、读写系列——我手写我心

"我手写我心"系列培养基点、达成目标及评价指标表

课程	培养基点	达成目标	评价指标
一年级：银杏枝头的遐想——小荷日记	1. 学生善于发现生活中值得说一说、记一记的事情； 2. 能够在头脑中思考怎样将看到的事情和现象用自己的语言描绘出来。	1. 全体学生能够用自己的语言记录看到、听到、想到的事情； 2. 掌握的词汇量逐渐增多并会灵活运用； 3. 精彩的小日记频频出现； 4. 学生口语表达逐渐丰盈。	认真干净一颗星；符合内容一颗星；创意新颖一颗星。
二年级：银杏叶上的童谣——我的儿童诗	欣赏儿童诗；朗诵儿童诗；背诵儿童诗；创编儿童诗。	1. 让学生由听、读、背到自创的过程中，逐渐热爱朗读儿童诗； 2. 通过仿写，学习写儿童诗； 3. 通过激励手段让学生把写诗当成一种乐趣。	诗句完整一颗星；普通话标准、有感情朗读一颗星；有创新诗句一颗星。
三年级：银杏树下的经典——我的美文	根据每个单元的课文，选择经典的段落进行品读、写作指导。	1. 学生不仅积累了语言，也丰富了表达； 2. 学习使用的词汇量逐渐增多； 3. 语言更加优美。	书写正确美观一颗星；语句通顺一颗星；描写具体清楚一颗星。

续表

课程	培养基点	达成目标	评价指标
四年级：银杏园中的足迹——我的成功日记	让学生将自己生活、学习中成功的点滴案例或感想记录下来。	1. 乐于发现生活、学习中的成功时刻； 2. 乐于将发现诉诸笔下； 3. 语言运用更加得心应手。	写字端正工整一颗星；语句通顺流利一颗星；成功事迹真实感人一颗星。
五年级：银杏园中的足迹——我的名著佳作	指导学生阅读名著、学写批注、续写故事、写读后感等，使学生读写结合，提升文学素养。	1. 学生掌握了阅读、写作的方式、技巧； 2. 善于写作，提升文学素养； 3. 善于运用语言文字表现生活，文字的运用更加得心应手。	写字端正工整一颗星；语句通顺有感情一颗星；有创意且新颖一颗星。

为了培养学生自信表达能力，提高学生的写作水平，在"读写系列"课程中，学校安排了有梯度、多角度的内容体系，指导学生在积累、观察、创作的过程中，逐步学会留心观察生活，不断增加新词语的存储量，学习使用新的表达方式，也乐于发现他人和自己的优点，并养成主动创作、积极表达的良好习惯。习惯的养成促进了学生写作水平的进一步提高，助力了学生自信心的培养。

"读写系列"中，一年级的"字词句汇"活动，通过识字、组词、造句、连段，让一年级的小学生能够用自己学习到的语言文字进行表达，使学生掌握的词汇量逐渐增多并会灵活运用。在活动的过程中，学生们精彩的句子和片段频频出现，学生的书面表达逐渐丰盈。二年级"看图写话"，通过欣赏、朗诵、创编儿童诗，学生们用稚嫩的语言来抒发自己的真实感情，启发思维，训练口语，为积累丰富的语言、语感打下坚实的基础。三年级"片段描写"，针对三年级学生的学习特点，教师选择经典的段落进行品读和自信写作的训练，培养三年级学生的初步写作能力。四年级"随文练笔"，教师引导学生细致观察身边的大事小情，带动学生用心感悟生活中的点点滴滴。写身边的事儿更加激发了学生的写作兴趣，真正地实现了让学生说真话，写真话，悦纳自己，提升自信。五年级"读名著　写佳作"，通过指导学生阅读名著，学写批注、续写故事、写读后感等，使学生读写结合，提升文学素养。

二、诵说系列——我口说我想

"我口说我想"系列培养基点、达成目标及评价指标表

课程	培养基点	达成目标	评价指标
一年级：读诵童话	选择适合学生的童话，带领学生阅读，并进行配画，讲给父母听。	1. 通过不同的学习活动让学生喜爱童话； 2. 通过带领阅读，让学生感悟学习童话的方法； 3. 汲取童话精华，积累语言。	认真干净一颗星；符合内容一颗星；美观一颗星。
二年级：品古诗词画诗之韵	1. 带领学生欣赏古诗词； 2. 带领学生朗诵古诗词； 3. 带领学生背诵古诗词； 4. 带领学生根据古诗词作画。	1. 让学生由听、读、背到自创的过程中，了解记忆了更多的古诗词； 2. 在创品画过程中，鼓励创新思维，激发学习兴趣； 3. 改变学习方式方法，汲取古诗词文化的滋养； 4. 提升思维品质，厚实学生们的内在修为和素养。	诗句完整一颗星；普通话标准、流利一颗星；有感情有节奏富有韵味地朗读一颗星。
三年级：小故事大道理	1. 故事课上让学生倾听故事，交流感受； 2. 将故事复述给同学和家长听。	1. 带领学生由不会讲故事到正确清楚地复述故事； 2. 训练学生学会运用准确优美的词语表达； 3. 提高学生的口语表达能力，善于表述事情。	普通话标准、流利一颗星；能将故事完整地向大家讲述一颗星；故事讲得精彩、引人入迷一颗星。
四年级：新闻播报聚焦天下事	1. 指导学生听新闻； 2. 指导学生播报新闻； 3. 指导学生议论新闻。	1. 让学生在记录、播报、辩论的过程中，了解国家大事； 2. 培养学生敏锐的观察力以及思辨能力； 3. 在播报新闻、议新闻环节中培养学生清晰、条理的语言表达能力。	普通话标准、流利一颗星；能将新闻以简洁的口吻向大家进行播报一颗星；发表自己的评论与见解一颗星。

续表

课程	培养基点	达成目标	评价指标
五年级：自信演讲励志自我	指导学生练习当众演讲或者即兴演讲。	1. 学生由不敢说到敢说、由说不好到说好、由漫无边际到中心明确； 2. 培养学生出众的口才和敏锐的思维； 3. 让学生们明白：思考的角度不同，观点就会不同，要学会倾听、学会接纳别人的观点。	自然大方一颗星；主题明确一颗星；有条理流利一颗星。

　　为了形成立体的、系统化的课程讲义，学校将此系列活动与课堂五分钟微型训练结合起来，并进行了系列讲义的编写。在编写的过程中，教师们经过反复研讨最终确立了四利原则：有利于丰富学生经历，有利于开拓学生视野，有利于提高学生自信表达能力，有利于学生个性发展。

　　活动中，学生根据活动的主题按顺序进行表达展示。这样的安排，让每个人都能得到表达的机会，得到能力的锻炼。同时，通过同学、小组、教师家长三维一体的多元评价，让学生能够认真对待每一次表达，在交流评价中学会互相欣赏和鼓励，学会提出意见，使学生的口语表达愿望得到了落实，自信得到了提升。而教师则竭力在他们表达的字里行间寻找闪光点，准确抓住学生口语表达中的每一优点和微小进步，及时鼓励，让学生意识到教师时时关注着他们细微的进步，并和他们一起分享这种进步所带来的快乐。

　　"诵说系列"中，一年级"趣味童谣"，教师选择适合学生读的童谣，每次一个主题，师生共诵，然后学生对童谣根据自己的感悟和想象进行配画，并把童谣诵说给自己的父母听。在这样趣味盎然的活动中，学生们快速地积累了丰富的语言，锻炼了表达能力。二年级"品赏诗词"，结合经典古诗词的诵读，让学生身临其境走入诗意的"画面"中，赏画吟诗，把诗景、诗情统一起来，从而获得对诗的形象感悟，并把这一学习方法迁移于平时的古诗学习，获得更多、更美的体验。三年级"故事荟萃"，根据教师设置的故事专题，学生进行课外阅读，然后在小组和班级进行讲故事交流。通过读故事、概括内容、谈感想的形式，让学生受到各方面思想教育，进一步提升表达能力。四年级"新闻播报"，通过学生的个体展示和集体评价活动，使学生从准备到正式播报的过程中能够做到积极参与并认真准备，提高搜集整理信息的能力，学生的语言更清晰，内容更有条理、主持仪态也更大方。五年级"自信演讲"，则是在一至四年级基础上的全面提升，从外在气质、内蕴修养、口才流畅、思维敏捷等多方面训练，使学生获得自我肯定和他人的认可。

在"银杏树下"自信表达拓展课程系列丰富多彩的活动中，学生更愿意说了，也更愿意写了；语言的表达都在各自不同的起点上提高，正向着"敢说写、会说写、善说写、乐说写"一步步走近，更重要的是这项活动厚实了学生的根基，增进了学生的自信，使学生们更加愿意参加各级各类的展示和比赛活动，不仅取得了成绩，更培养了学生积极面对学习和人生的好品质，从而达到了学校的自信育人目标。

附：课程简介

"字词句汇"课程简介

学习语文的重要任务是正确理解和运用祖国语言，丰富积累语言，培养语感，发展思维。词语、句子教学是低年级阅读教学的重点，要探索科学的方法提高词语、句子教学的实效性。

儿童要理解和运用语言文字，必须建立在正确理解和运用词语的基础上。词语是语言的建筑材料，正确地理解和运用词语，是我们阅读和写作的基础。俗话说得好："巧媳妇难为无米之炊。"没有丰富的词语积累就言而无物。

一年级是学生接受语文训练的起始阶段，在一年级能否打下学习语文的良好基础对于学生终身的语文学习都将产生重大的影响，因此我们从激发学生的学习兴趣出发，尝试新的教学方法，探索新的教学模式，从中发现增强语文教学趣味性是激发一年级学生学习兴趣的关键，并以此优化课堂教学，提高教学效率。

通过教学研究，教师发现一年级学生由于年龄小，在课堂上易于疲劳，精神容易分散，且新课程改革后，对于学生的字词学习要求有所提高，常常让学生感到身心疲劳，忽视了一年级学生的心理需求，教学形式单一、教学内容枯燥，使学生难于融入教学活动中，常常造成思想不集中，对知识一知半解，难以内化等诸多问题，要解决这些一年级语文教学中的多发问题，教师必须要根据儿童生理、心理的特点，从激发儿童的学习热情，培养他们的学习兴趣和求知欲入手，使他们保持比较持久的注意力，从而提高学生的学习效率。

结合学校的自信特色，确定一年级自信表达读写系列"字词句汇"的主要内容为巧用叠字妙搭配、词语妙用巧搭配、量词积累我知道、巧用重复妙趣多、巧用量词现自信、字词句汇展示台、五彩斑斓迎春天、百花齐放绘春天、巧用叠词连成句、一字多词变化多、换词说话趣味多、关联词语巧运用。旨在探索趣味性词语、句子教学在一年级语文教学中的应用价值和实施策略，充分调动学生学习的积极性，引导学生参与探求获取知识的全过程，倡导一年级学生乐于学习语文知识，让学生学得轻松，学得快乐，学得扎实，不断提高语文素养。

"看图写话"课程简介

《语文课程标准》指出：1～2年级从写话入手，是为了降低起始阶段的难度，重在培养学生的写作兴趣和自信心。根据课标的要求，二年级主要是进行看图写话的训练。

看图写话根据学生年龄小，对有趣、生动的图画有着浓厚兴趣的实际特点，以学生们喜闻乐见的图画为写话的载体，对学生进行写话的训练，可以大大引起学生习作的兴趣；以图画的呈现方式又让学生避免经历从浩如烟海的生活场景中无从择取习作材料的困境。看图作文是小学语文低年级教学的重要组成部分，是一项创造性的思维活动，是培养观察、想象、分析和表达能力的综合训练。这对培养学生的写作兴趣和写作自信心，对打好写作基础及顺利过渡到中、高年级的习作有着重要的作用。

看图写话，重在指导学生学会观察，养成良好的观察习惯。观察是一个知觉、思维、语言相结合的智力活动过程，观察是人们增长知识、认识世界的重要途径。观察能力的发展是思维、表达能力发展的基础和前提。看图说话之前只有经过认真仔细的观察才能有深厚的理解，才会在大脑里形成清晰的印象。学会观察和分析各种事物，就等于交给他们一把认识世界的金钥匙。但对小学低年级的小朋友来说，观察能力是十分欠缺的，他们看到一幅图往往毫无头绪，不知该如何下手。这就需要教师在旁边好好引导，教给他们观察的方法。

看图写话虽然是从训练学生的观察能力入手，但它的目的之一还在于培养学生的想象能力。通过看图写话，指导学生从画面展开想象，逐步培养想象力。

低年级学生好奇、天真、求知欲强，善于模仿，爱提问题，喜欢表达，思维形象具体，但表达起来缺乏条理性和连贯性，说起话来常是前言不搭后语或重复啰唆，有时带有语病。在看图写话的教学过程中，要注意以下三点：一是要求说得有头有尾，要遵循一定顺序；二是要有基本内容，不要丢掉重点；三是鼓励在语言表达上有独到之处的学生，表扬说得细、说得好、说得巧的学生。

结合教材内容及学生特点，看图写话主题设为：找春天、助人为乐、遇到困难不要慌、团结协作好处多、小白兔过河、不能摘花、爸爸的朋友、我给小树穿绿衣。

"片段描写"课程简介

三年级是中年级的起始阶段，写作也是从三年级开始起步的，学生从一、二年级"写自己想说的话"过渡到三、四年级"能不拘形式地写下见闻、感受和想象"，必须历经一个从句到段到短篇这样循序渐进的写作实践过程，学生刚刚迈入写作的门槛，而作文的要求又比低年级的写话高出一个层次，要避免学生在作文起步时对作文产生畏惧心理，只有激发学生的写作兴趣。针对这些情况及三年级学生自身特点，仿写片段便是指导学生写作的一条捷径。

仿写就是模仿范文的立意、构思、布局、谋篇及表现手法进行作文训练的一种方法。在文章形式、结构、思路、表达方式都可以进行模仿，但是具体语言表达与组织需学生自行思考运用。仿写可以说是创作的第一步，仿写又是学习的最初形式。心理学家也表明儿童在学习语言和各种技能的最初阶段都是要借助模仿这一"阶梯"。这样让学生在作文练习时有了一定的依照和借鉴，不至于照抄，又可以锻炼学生掌握词语和句子的应用能力，从很大程度上降低了学生初期写作文的难度，有益于培养学生写作文的兴趣。

片段描写，指用一段一节的小篇幅，表现生活中的一个断面，说明事物的一个方面，谈论对某事、某现象的一点看法，一般采用具体的细节描写来训练，三年级学生处于过渡时期，直接的片段描写不必费太大力气与时间，比作文的训练效果更加显著，既可练笔，也能让学生喜欢上写作文。

配合三年级语文教材的教学安排选择了以下主题：动作描写、外貌描写、景色描写、对话描写、想象描写、对比描写、按一定的顺序描写、细节描写、神态描写、导游词。在训练中，以经典的段落描写作为鉴赏，学习其写法，然后仿写出具体的片段内容，培养学生片段描写的能力。

"随文练笔"课程简介

《语文课程标准》指出："写作是运用语言文字进行交流和表达的重要方式，是认识世界、认识自我、进行创造性表述的过程。写作能力是语文素养的综合体现。"因此，作文教学是语文教学的一项重要任务。让学生留心生活，在生活中观察并积累素材，并有梯度、循序渐进地积累写作方法，使学生乐写、会写是开设这门课程的初衷。

一、内容安排

精选随文练笔的点，从学生的生活入手，选择让学生有兴趣观察、有机会观察到的人与事物进行练笔。为此，我们将课程分为以下章节：观察植物篇（观察植物外形、习性与种植植物的小故事两个篇章）、观察动物篇（观察动物的外形、习性与饲养小动物的故事两个篇章）、观察人物篇（观察人物的言行举止与写人物品质两个篇章）、日常生活观察叙事篇（校园内的事及生活中的事两个篇章）、游记篇（描写春游及描写风景区两个篇章）及科学观察篇（科学观察与实验操作两个篇章）。这些篇章涵盖了学生生活的方方面面，用生活提升练笔水平，用练笔激发生活情趣，课内、外结合，相得益彰。

二、设计理念及特色

在设计理念上，我们本着图文并茂、生动有趣、动手实践、范文引领、写法指导、互评提升的原则，精心设计了每个篇章的教学环节："写在前面的话""学习目标""学习准备""成功小贴士""活动过程"及"范文欣赏"。通过"接地气"的教学方式，让学生体会到练笔的乐趣，学习实践练笔之法，提升文章鉴赏能力。

在评价方式上，从个人自评、学生互评、教师评三个层面运用星级评价方法，调动学生参与的积极性。在互评中，学会分享、学会鉴赏，得到提升。同时，根据学生练笔的成绩，定期为学生颁发"向阳花表达章"。通过多种形式的激励，使这门课程真正助力于学生的发展。

"读名著　写佳作"课程简介

那些历经时光打磨，历经人心变迁而在岁月之河中闪耀出动人光彩的名篇佳作，不是仅仅靠着"名气"来为自己赢得了身后名。名篇、名著不仅仅只是一篇文，一本书，那更是一种情怀与高度。那些滋养我们民族历史血液的古典小说、诗词歌赋，那些活生生的人，他们的痛苦与欢乐，他们的爱情与生活，他们的脆弱与坚强；那些悲天悯人、超越了时间与语言界限的情怀，那些站位高远、足以经得起世事人心考验的思想高度，都值得我们用自己的心去感悟、去升腾，去将那些爱与人性的美好融入自己的情感，去分辨出人世间与人性的黑白与深浅。

我校教师将和学生一起对名篇佳作进行深度阅读、创意阅读，读出属于我们的理解、乐趣与收获！在收获中，提高写作水平，写出自己的多彩世界！

一、养成良好阅读习惯

通过阅读名篇、名著养成良好的阅读习惯。阅读过程中，要求学生读到优美词句、精彩片段时用笔把他们圈出来，并学着在旁边写上一些简短的批注，记录自己阅读时的见解看法。同时指导他们学会思考，想想文章好在哪里，概括这篇文章主要写什么，哪些地方值得我们借鉴，还有哪些地方自己弄不明白以便向教师、同学请教。

二、名篇、名著碎片化

把名篇、名著碎片化，便于学生吸收。名篇、名著内容丰富，小学生不便消化，选择其中学生感兴趣的片段，提供学生阅读套餐，方便学生更好地理解，吸收名篇佳作的营养。

三、名篇名著和生活常识对接

经典篇章包含着丰富的学科知识、社会常识，反映广阔的社会生活，是学生生活的教科书。学生阅读名篇佳作，可以学到很多为人处世以及适应社会的能力，包括丰富的学科知识，同时又可以培养学生养成良好的道德品质。

四、训练写作技巧

名篇名著在构思、选材、行文、表达技巧、语言风格等方面较为成熟，可以帮助学生提高作文写作技巧。为便于学生学习和吸收，可以把名篇、名著分解成学生喜欢的方式，如读书方法介绍、学写批注、学写读后感、学习续写、学习扩写、学习改写、学写梗概、学写书评等。

"趣味童谣"课程简介

童谣，是为儿童作的短诗，强调格律和韵脚，通常以口头形式流传。许多童谣都是根据古代仪式中的惯用语逐渐加工流传而来，或是以较晚一些的历史事件为题材加工而成。一首好童谣就是一首美妙的诗，一幅美丽的画，它富有诗情画意。优秀的童谣，音韵和谐，琅琅上口，节奏感强，诵读起来就是一首动听的歌。

童谣的内容取材贴近生活和自然，内容浅显，思想单纯，容易让学生们记住。童谣是在乳儿的摇篮旁伴着母亲的吟唱而进入儿童生活中的，儿童随着年龄的增长，由感知到模仿，最终学会诵唱童谣，并从中获得审美享受。童谣的内容往往十分浅显，易为儿童所理解，或单纯集中地描摹、叙述事件，或于简洁有趣的韵语中表明普通的事理。例如，圣野的童谣《布娃娃》："布娃娃，不听话，喂她吃东西，不肯张嘴巴。"于天真稚气中表达了儿童对周围生活的模仿和思考。同时，学生们在诵唱这首童谣时马上就会联想到自己吃饭的情景，懂得应该养成良好的生活习惯。

有的童谣以正确的行为规范为内容，让儿童在诵读的同时逐步培养良好的生活习惯；有的童谣寓思想品德教育于生动的形象之中，长期诵读，会潜移默化地影响儿童一生；有的童谣蕴含丰富知识，讲述了万千世界的变化无穷，能开阔儿童视野；有的童谣，用词准确、精练，对丰富语言词汇有很大帮助，可以锻炼口头表达能力，特别是绕口童谣，更能训练口头表达能力；有的童谣想象奇特，能启迪儿童思维，培养儿童丰富的想象力。

童谣一般采取拟人化手法，运用形象思维创作。多读童谣，对提高形象思维能力、写好作文有帮助，甚至对将来创作文学作品大有帮助。童谣题材丰富，形式多样，篇幅短小，语言通俗，形象生动，寓教于乐。

一年级学生天真、活泼、好动，喜欢诵读朗朗上口的童谣，一年级开展"趣味童谣"能够寓教于乐，培养学生热爱生活的情感，陪伴学生们健康、快乐成长。让学生在生动、形象的趣味童谣的引导下，训练口语表达能力，培养奇特的想象力，提升语文素养，读懂做人的道理。

"品赏诗词"课程简介

"慈母手中线，游子身上衣。""欲穷千里目，更上一层楼。""夕阳无限好，只是近黄昏。""问渠哪得清如许，为有源头活水来。""纸上得来终觉浅，绝知此事要躬行。"……古诗是我国古典文化的精华，学生背诵、学习古诗，可以丰富语言积累，提高感悟能力，提高审美情趣，提高文学素养，使学生终生受益。"熟读唐诗三百首，不会作诗也能吟""腹有诗书气自华"，说得都是诵读、积累古诗的好处。

小学生品赏诗词能增强记忆力，记忆古诗词，可以帮助学生掌握记忆的方法，锻炼记忆能力。品赏诗词可以提高语言文字能力，学生头脑中有大量的名篇佳句，可以提高学生的写作能力。品赏诗词可以扩大学生的知识面，中华文化的历史文化知识蕴含在古诗文经典中，背下这些优秀篇章，可以增强学生的感悟能力。品赏诗词可以培养学生的学习兴趣，形成独特的审美能力。品赏诗词可以增强学生的自信心，鼓励学生背下大段的古诗文，会增强他们的自信心和自豪感。品赏诗词可以磨炼学生的意志和坚持力，培养学生的耐性，在长期坚持学习的过程中培养持之以恒的精神。品赏诗词可以提高学生的道德修养，文以载道，背下精选的经典古诗文，可以培养学生养成良好的道德品质。品赏诗词也可以培养学生的爱国情操。

亲近自然，亲近生命，这是中国古典诗词的本质。在二年级开设品赏诗词拓展课程，根据春、夏、秋、冬、田园、思乡、送别等不同的主题学习相应诗词，传承中华传统优秀文化，陶冶情操，提高学生的语文素养。

"故事荟萃"课程简介

三年级是培养学生口语表达的关键期，为扎实推进自信教育，三年级以读书为依托，以故事荟萃为自信表达的平台，营造良好的"书香校园"氛围，激发学生的课外阅读兴趣，提高学生的口语表达能力，提升学生的综合素养，进一步活跃校园文化生活。

学习语言，首先就要会听，听得准确、听得懂，然后才有条件正确地模仿着说，培养学生注意倾听，这是发展能力的先决条件。培养自信表达能力，不但要发展学生听的能力，还要培养他说的能力。讲故事是向学生介绍文学作品的基本方法。培养说的能力，就要给学生创造说的环境、讲故事的形式，锻炼学生的语言表达能力；可以提高思维的条理性，让学生的表述更符合逻辑；还可以锻炼学生的理解力和记忆力，因为对故事的复述是建立在对原故事的理解和记忆的基础上的。根据讲故事的注意要点及分类安排选择了以下主题：讲故事的基本要求、如何选择故事、讲故事的方法、讲故事善用伏笔、童话故事我会讲、成语故事我会讲、寓言故事我会讲、名人故事我会讲、历史故事我会讲、神话故事我会讲、科幻故事我会讲、生活故事我会讲。让学生认识讲故事，学会讲故事，敢于讲故事，从而提高学生的自信表达能力。

"新闻播报"课程简介

作为新时代的学生，关心国家大事，了解社会信息，是时代所需要的，是一种必备的素养。而新闻，是对已经发生和正在发生、或者早已发生却是最近发现的有价值的事实的及时报道。收听、播报新闻，是学生关心国家大事、了解社会信息最直接的途径。

新闻中高度概括了最新发展的国态社情与天下大事。新闻能大大丰富学生的情感体验，增加社会阅历，开阔视野，达到足不出户便将民情、国情、社情归揽于心的目的，可以使学生养成缜思勤学、勇于当众发表自己独特观点的大气胸怀。"新闻播报"自信表达课程，旨在让听新闻、播新闻成为学生学习的习惯，成为生活的一部分。让学生在记录、播报、辩论的过程中，了解国家大事，培养学生敏锐的观察力以及思辨能力，培养学生清晰、有条理的语言表达能力。

听新闻：收看中央新闻联播或地方新闻台，记录自己最感兴趣的一则新闻。写明时间、频道、主题、内容、感受。

报新闻：播报自己所记录的新闻，相互讨论，发挥新闻正面的引导力量，训练听、说、思、议的能力，为写作提供最真实的素材。

议新闻：针对有价值或有争议性的新闻，引导学生从正面给予讨论，让学生明事理，辨是非，树立正确的人生观和价值观，培养口语表达能力，使每位学生都能够自信地参与讨论。

本课程时间安排：利用语文课前十分钟和阅读课进行；每间周完成一次新闻播报活动；定期进行展示。

本课程活动评价小组由学生本人、小组成员及教师、家长组成。评价的内容主要包括：主题明确完整、仪态自然大方、表达流利有条理。

"自信演讲"课程简介

在当今社会，人与人之间的关系和交往日益密切，思想文化、科学技术的交流日益广泛，知识、信息的传播日益频繁，在这种形势下，一个思想平庸、知识浅薄、口齿不清的人根本无法适应时代的飞速发展。一个品德高尚、学识渊博、技巧超群的人，如果不善言谈，也是无法充分发展自己全部聪明才智的。所以作为现代人，我们必须时时注意训练自己的口才，训练自己说话的能力，让自己会说话、说好话，适应时代的飞速发展。

说话能力的训练同阅读能力和写作能力的培养一样，在小学语文教学中占有同等重要的地位。在小学阶段，每个单元的语文百花园中都有口语交际，也就是训练学生的口头表达能力，有时还要求学生具有当众演讲的能力。就目前来看，小学生口头表达能力还是比较差，当众说话畏畏缩缩者不在少数，而"能言善辩"的口头表达能力是增强竞争能力的重要工具。

而人们在会议、集会或一定场合发表的讲话——演讲，更侧重于在大庭广众面前的口语表达能力。我校开展的"自信演讲"语文表达拓展课程，旨在通过语言表达技巧的传授与训练，培养学生既能够在大庭广众面前流畅自如、仪态大方地表述自己见解的能力，也能够在日常交际中提高口语表达能力，具备良好的口才。同时，夯实学生的母语训练、提高语文素养。通过各种方式的评价活动，让学生明白：思考的角度不同，观点就会不同，要学会倾听、学会接纳别人的观点。通过演讲，教育听讲的人，更教育自己，逐渐培养学生明辨是非的能力。

第三节　个性选修　彰显才艺

学校根据学生的兴趣和爱好，结合学校教师师资特点，开发了语文人文、艺术审美、体育健康、科技创新四大类 20 多种选修课程。例如，语文人文类的经典诵读、英语课本剧课程；艺术审美类的七彩脸谱、丝网花、陶艺、口风琴、国画、衍纸画、纽扣画、合唱、舞蹈等课程；体育健康类的快乐篮球、跆拳道、田径、足球等课程；科技创新类的机器人、网页制作、废品小制作、小发明制作等课程。而学生则根据自己的意愿进行自由申报参加，并在每周四下午第 2节课的集体选修时间实行走班制。每个课程的活动小组都制订详尽的活动计划。学期结束时，每个参加选修校本课程学习的学生通过各种形式的学习成果展，展示自己的学习所得，展示自己的收获。

一、五类课程，融合补充

1. 养成教育活动课程

我校制定《校内养成教育评价细则》和《校外养成教育评价细则》，确立校内、外习惯养成月目标，以丰富的主题活动为载体，以敬老孝亲、传统佳节等活动开展为切入点，通过落实"四个一"活动，抓实校内常规训练，强化校外习惯养成，教导学生言行合一，明自信之理，绽自信风采。

2. 主题特色活动课程

利用德育课渗透社会主义核心价值观，拓宽德育特色活动，引导学生做爱国、文明、诚信、友善的公民。创新形式开展"我们的节日"——清明节、端午节、中秋节和重阳节等系列主题实践活动，使每一个学生成为社会主义核心价值观的践行者，做社会主义建设的"四有新人"。

3. 艺体文化节课程

经过几年的发展，我校摸索出一整套推动学生快乐健身、学习艺术、积极创新的评价方法，并坚持全员参与、分级目标、逐层竞赛的原则，很多学生在这个活动中享受到拥有自信、体验成功的快乐，快乐飞绳、花样踢毽的各项纪录不断被刷新，科技创新、艺术作品精彩纷呈。

4. 校园吉尼斯课程

校园吉尼斯挑战活动，主要包括学校吉尼斯固定项目与吉尼斯个人自创项目两种挑战形式。学期初，学生们先进行自由申报、自主练习；而后进行班级吉尼斯挑战赛，确定出各个项目中表现出色的班级吉尼斯星；脱颖而出的班级吉尼斯星们，再向校级吉尼斯星发起挑战。通过校园吉尼斯挑战活动，使每个学生都能够通过活动挖掘内在的潜力，树立自信，让每位学生在属于自己的那一片天空中成为最闪亮的星星。

5. 爱心跳蚤市场课程

自信不仅是培养出来的，更需要在实践中进行磨炼与提升。举办跳蚤市场，把社会剪影浓缩于校园之中，让学生在实践中磨炼自信，是我校体现自信内涵的又一特色活动。

二、多重保障，保驾护航

关注教师身心健康是推动学校发展的软实力，促进教师树立主人翁意识是助力学校发展的催化剂；资金投入是打造自信发展的硬实力。因此保证教师身心健康，形成向心力；落实主人翁意识，合作共赢；资金到位，课程建设顺利进行等是完成三级课程实施的保障。

1. 关心教师身心，凝聚团队向心力

（1）关心教师身体健康

教师健康是工作积极开展的保障。因此学校关注教师身体健康，通过每年组织全体教职工进行一次体检，每月组织教师开展多种形式体育活动，创编办公室健身操，聘请医护专家讲解保健知识等多种形式，关心教师身体健康，让教师对自己的身体了解，积极通过各种方法锻炼、保护身体。

（2）关注教师情感幸福

教师的好心情会带来好的教育。因此学校非常关注教师情感健康，通过经常性的座谈会，了解教师心理，帮助教师正确理解工作中的问题，合理解决工作中的矛盾；通过开展心理讲座，向教师宣传心理知识，帮助教师梳理情感，掌握拥有积极心理的方法，拥有健康的心理状态。

2. 落实主人翁意识，合作共赢

主人翁意识是学校可持续发展的力量和源泉。学校通过落实教研组工作，举行教职工代表大会等方式，积极调动教师参与学校管理和课程建设，营造学校上下相互依赖、合作的良好氛围，使教职工主人翁地位得到尊重，从而促进教师的积极创新精神的提升。

3. 资金投入，为课程建设保驾护航

学校充分保障课程实施过程的经费，保证课程实施顺利进行。

规范落实三级课程设置计划是学校必做的一项工作，深化课程改革也是学校任重道远的责任。我校将把握新的形势，审时度势，用前瞻的目光，扎实工作、开拓创新，让望小学子享受到实实在在的优质教育资源。

附：选修校本课程简介

1. 机器时代——电脑机器人社团简介

我校的电脑机器人社团组建于 2013 年，经过四年的发展，社团的规模越来越壮大，影响也越来越深远。社团在学校资金极其紧张的情况下，作为重点项目予以支持，以赛促训、以训促练、以练促学，结合学生的年龄及心理特点，本着"玩中做，做中学"的主旨思想，几年来，机器人社团先后组织参加了教育主管部门主办的多项比赛，取得了一个国家级奖项、两个省级奖项、两个市级奖项、多个区级奖项的优异成绩。

2. 变废为宝——废品小制作校本课程简介

随着人们生活水平的日益提高，物质生活的极大丰富，使得浪费十分严重，到处可见废电池、光盘、旧 T 恤、旧报纸、各种纸盒、废弃的纸杯、各种废弃的塑料制品等，对环境造成了很大的影响。重视环境保护，实现循环经济，落实科学发展观，走可持续发展之路是我们每一个地球人都必须做到的，而做好这些工作，不仅需要从学生抓起，还要从自身做起！

学校开设《废物利用》的校本课程，希望能够培养学生的环保理念，激发学生的创造性思维，帮助学生动脑、动手等诸多能力的发展，当学生看到自己用废弃物品制作的精美作品时，能感受到废弃物品所能给他们带来的乐趣，同时既在潜移默化中增强了学生的环保意识又培养了学生们的创造性思维。在情感上，学生们也感受到了变废为宝的妙处，利用这些作品来美化家园的这一理念也深深地渗入了学生的心田，激励他们做"美化家园　变废为宝"的自信小公民。

3. 丹墨飘香——国画校本课程简介

国画，又称"中国画"，我国传统的绘画（区别于"西洋画"）。它是用毛笔、墨和中国画颜料在特制的宣纸或绢上作画，题材主要有人物、山水、花鸟，技法可分工笔和写意两种，富于传统特色。

结合学校的"自信"教育，为培养学生们的鉴赏能力、模写能力及创造美的能力，学校开设了国画选修校本课程，本课程是以学生的兴趣与发展为基点，结合教师所学专业而开设的课程。该课程以提升学生的艺术素养为目的，以实践活动为手段，临摹训练为方法，注重培养学生的欣赏能力和绘画技能。借助国画的教学，培养学生的民族文化情节、创新精神和人文素养。通过正规的专业训练，促进学生多方面发展，继而宏扬国画艺术，丰富校园文化生活。通过对国画基本理论及技法知识的讲解和对简单国画作品的示范，使学生们敢于动手尝试进行绘画并且喜欢上这门墨韵气息浓厚的传统绘画。

4. 七彩脸谱——脸谱校本课程简介

脸谱是一种富有装饰性的图案艺术，具有很高的欣赏价值。我校联系实际，根据学生的绘画基础和固有知识，制定了适合学生年龄特点的《七彩脸谱　绘取自信》讲义。主要从"理论与实践"两方面入手，精选、提炼了一些符合学生年龄特点、认知规律的内容，如《京剧脸谱的起源》《有趣的脸谱图案》《西游记中识脸谱》等。将京剧脸谱作为一个载体，让学生在创作的过程中，体验乐趣、绘取自信。

学生通过校本学习能够知道不同颜色的脸谱对应不同的人物及性格，并且能够看图识人物。学生们能讲解不同颜色的人物代表及故事，并且会分析不同色彩的脸谱对应的人物形式。在绘画方面更加熟练绘画技巧，做到上下左右对称、构图完整等。我们的展现形式从基础的纸上绘画到五彩斑斓的刮花、纸浆面具的立体绘画、T恤衫上的设计绘画和团面扇上的精致绘画等，形式多样，富有特色。

通过校本课程的学习希望能够提高学生的思想品德修养和审美能力，陶冶情操、增进身心健康。

5. 锦绣生活——段段绣校本课程简介

段段绣起源于我国远古时代，在我国民间一直流传，是我国民间艺术的瑰宝，不仅深受国人的喜欢，也让众多的国外友人爱不释手。随着时代的变迁和人们生活的提高，段段绣在居室的美化上起到了很好的作用，是名副其实的民间手工艺品。在学生中开展钩织活动，鼓励学生在原有的材料上进行改进，做到立体感强、色彩缤纷，给人以形象逼真、奇特精美的感受，不仅能提高学生的动手能力，而且能让学生感受美、表现美、创造美。

目前，加入的学生人数有 20 多名，其中不乏心灵手巧的小男孩。段段绣校本课程培养了学生们动手创造的能力，让他们学会用双手美化生活，增设生活情趣，更使钩织这一民间艺术的精华得以继承、发展与创新，陶冶了学生情操，培养了学生自信。

6. 巧手布艺——布艺手工校本课程简介

布艺手工是人类最古老、最具普遍性的综合艺术形式之一，不断丰富和满足着人们的精神文化生活。

本课程重点在学习布艺的平面与立体制作，通过手工制作可以让学生掌握一定的手工劳动技能和技巧，也可以了解常用材料的某些性能，还能培养学生热爱劳动、克服困难的坚强信心，有利于发展学生的智力，培养创新精神。在手工制作活动中，给学生提供大量的动手实践机会，扩大学生的视野，丰富学生的知识。学生每制成一件作品，都是他们智慧灵光的闪烁，在不断尝试作品的制作、改革与艺术创新中，学生们一次次体味着成功的喜悦与成长的快乐。

7. 泥乐陶陶——陶艺校本课程简介

陶艺是我们民族的文化瑰宝，它历史悠久、扬名寰宇，并以物载道，蕴含着深厚宏博的中华文化精神。山东有着古老的制陶历史，蕴含着深厚的文化积淀，优秀的技艺在陶瓷史上写下了重要的篇章。

我校开展陶艺教学活动，为充分启发学生的创造思维，培养学生的动手能力，提高审美能力，养成健康的审美情趣和生活方式，继承和发扬中华民族的优秀文化，促进学生全面发展符合素质教育的要求。课程中欣赏古今中外自然景物和艺术作品特别是陶艺作品，通过欣赏获得审美感受，并用语言、文字表达自己的感受、理解和认识。学校利用地方文化资源使学生更好地了解艺术特别是陶艺与社会、陶艺与历史、陶艺与文化的关系，涵养人文精神；通过多视角欣赏陶艺作品，从中了解作品的内涵，感受精深博大的中华民族文化精神，使学生崇尚文明，珍惜、传承优秀民族艺术与文化遗产。

8. 五彩面塑——面塑校本课程简介

学校的面塑社团成立于 2014 年 10 月，选修人数 40 人，辅导教师 2 名，每周开设 2 节手工课。学校为社团配备了专门的手工教室、多媒体设备，制作了作品展示墙。社团以"培养兴趣，合作分享"作为口号，内容选自于生活，取材容易、制作简便、外形美丽，以其很强的色彩感、趣味性、环保性而受到学生的喜爱。生活中的"十二生肖""蔬菜瓜果""孙悟空""海绵宝宝""派大星""小黄人"等卡通形象，都可以通过社团学生们灵巧的小手，运用揉、团、搓、捏、按、接等方法，栩栩如生地展示在大家面前。

面塑社团活动，不仅使学生掌握了基本的面塑知识和面塑技能，而且培养了学生的认知、操作和情感，更发展了学生的个性和特长。每当学生们自信满满地端详着自己完成的作品，稚气的脸上充满了满足和成就感。

9. 多彩瓶画——瓶子画校本课程简介

在我们的生活中，废旧瓶随处可见，每当在学校科技艺术节的制作评比中，总能看见用废旧瓶做成的作品，可见学生们非常喜爱对废旧瓶进行再创造。

瓶子不仅可以变废为宝，还可以通过绘画和手工，来装饰瓶子。彩绘瓶子，能够在锻炼学生绘画能力、想象能力、观察能力的同时，使他们受到美的感染与熏陶。通过学生们的巧手，将废弃的瓶子变为精美的手工艺品。

10. 炫舞飞扬——舞蹈校本课程简介

舞蹈是受许多学生喜爱的艺术形式，通过舞蹈教学，使学生了解舞蹈艺术，并对其形体、行为、举止、情操等方面进行熏陶。我校借助形体训练，外塑学生良好形象，内炼学生高雅品质。

我校舞蹈队多次代表学校参加区级比赛及演出，都获得了优异的成绩。时代之声舞蹈大赛、塔山协作区特色展演、环翠区啦啦操比赛、环翠区中小学生文艺会演等，舞蹈队的学生们用他们扎实的基本功和优美的舞姿诠释了望小学子的自信风采！

11. 时尚编结——手工结绳校本课程简介

手工结绳校本课程充分发挥学校的资源优势，挖掘编绳课程资源，满足三年级至五年级学生的不同需求，促进学生的个性健康化发展。手工结绳校本课程把中华传统的编结艺术与现代时尚融合，渗透在教学工作中，让学生通过自己的双手创造出自己喜欢的编绳作品。

结绳能够提高学生的动手能力，结合学生爱美的天性，让学生自己巧手设计出美妙的手链、项链、小饰品，让学生体验到更大的成就感，使学生更加热爱生活。

12. 话游英伦——英语课本剧校本课程简介

英语课本剧是对学生的综合发展非常有价值的表演活动，即改编童话、寓言故事，将教材中所学到的英语对话、句子、单词等运用其中，有人物、有情节，通过表演形象直观地演绎，是学生所喜爱的学习英语的形式之一。

通过英语课本剧的表演，学生们可以相互交流、帮助并且提高学生的自信心与合作的能力，提升英语口语水平，激发学生学习英语的兴趣，培养他们英语学习的积极态度，使他们建立初步的学习英语的自信心；培养学生一定的语感和良好的语音、语调基础；提高学生的英语听、说、读、写、译、表演的综合语言运用能力；丰富校园的文化生活，促进学校精神文明的建设。

13. 掌绘天下——电脑绘画校本课程简介

随着计算机技术在日常生活、学习中的不断渗透，电脑绘画教学已经成为中小学信息技术教学中的重要组成板块。同时，也已经成为美术和信息技术课的一项重要组成部分。

电脑绘画校本课程对于学生学习平面设计与多媒体制作具有奠基作用，以绘画、电脑软件操作为基础，正确引导少儿通过绘画表现自己的学习和生活，针对学生年龄特征和学习兴趣，利用计算机的特性，让学生在玩中学，玩中画，可以极大地提高学生的学习兴趣与学习效率，实现启迪智慧、开拓创新的目标。

14. 科普天地——科技发明校本课程简介

科技发明小组旨在发展学生的聪明才智，增强学生科技意识与追求科学知识的执着精神，从小树立科学世界观，培养创新发明的思想。小学生动手能力非常强，并能以自己的方式观察到许多生活细节，但不知道如何最有效地探究、描述、总结，不会实际应用或联系实际。

科技发明小组的活动目标是引导学生运用创新的手段，追求卓越的精神；养成学生勤于观察、勤于动脑、勤于动手的良好生活习惯。使学生热爱科学，增强科学意识，教育学生热爱生活，根植于生活，在生活中去发明、去创造、去制作小物件，激发学生对科学的好奇心和探究欲，解决自己的实际生活中所遇到的一些小问题。

15. 自然之声——标本制作校本课程简介

生物界是美丽的，当我们置身于美丽的大自然时，常常惊叹小草的坚强，景仰参天大树的挺拔。如何能够留住这些美丽，用我们的生命去呵护，让它成为永恒，这也就是标本制作最开始的初衷。我校地处望岛北山山腰，丰富的植物资源为学生接触大自然提供了得天独厚的的机会。将身边的植物制作成标本，能够让学生进一步打开对大自然的好奇心，引导学生从小关心身边各种有趣的现象。

学生收藏的不仅仅是一份定格在时空里的生命，学会识别动植物的本领，更重要的是每一个参与者懂得关爱生命的意义，明白人与自然和谐共存的本质内涵。

16. 扣扣相印——纽扣画校本课程简介

作为衣服上的一个小物件，纽扣的存在总是容易被忽视，只有在扣子掉了之后，我们才能觉出它的重要意义。如今，很多达人以及艺术家开拓了这样一个新领域，用纽扣作画。这些画作有着不同的风格，有的是全部采用纽扣来作画，还有的就是以其作为简单的装饰，非常有韵味。当一粒粒绚丽的纽扣以不同形式进行排列，意境便跃然纸上。

望小有这样一群纽扣爱好者，他们通过参加学校的"纽扣画校本课程"把"躲"在衣服背后的纽扣拉出来当主角，带给人别样美感。在制作纽扣画的过程中，不仅能够培养学生勤动手、勤动脑的习惯，而且丰富了学生们的知识，培养其观察力，还充分发挥了他们的想象力和创造性思维，在小组合作的过程中逐渐增强团队意识，培养团队协作能力。

17. 魅力衍纸——衍纸校本课程简介

衍纸艺术即通过卷曲、弯曲，捏压而形成原始设计形象的一门折纸艺术。

通过学生大胆的想象设计，利用各种卷法表现出千姿百态、富有立体感的动植物形象……可以积极地引导学生学会对五彩斑斓的纸艺作品进行赏评和比较，提高动手、识图等基本能力。

学校通过开发"衍纸制作"校本课程，通过这种简单而实用的生活艺术，引导学生能够灵活运用卷、捏、拼、贴等动手技巧，培养学生静心做事的能力。衍纸能够让学生静下心来耐心地去完成一幅幅作品，消除浮躁的心理。衍纸班的学生是以小组合作的形式来完成一幅幅作品的，学生在小组内会进行合理的分工，每个人都积极主动地去完成自己的任务，合作能力得到提高，学生之间的凝聚力也在不断地加强。一幅精美的衍纸画需要进行巧妙设计、颜色搭配等，这有利于培养学生的欣赏水平，提高审美情趣以及观察和创新能力。

18. 浸润经典——经典诵读校本课程简介

通过开发"经典诵读"校本课程，凸显教材民族化、现代化的课程理念，丰富课程设计和实施，合理配置学校课程资源，优化完善课程结构。拓宽阅读教学途径，搭建课内外沟通的桥梁，开阔学生视野，丰富学生底蕴，实现学生的高品质学习。

让优秀传统文化走进校园、走进课堂、走进学生的生活，形成人人爱国学，人人学国学的良好氛围，帮助学生养成良好的生活习惯，形成敦厚善良的心性。普及国学知识，使学生的说与写的能力得到明显的提升，提高学生对语文的学习兴趣，建立教育新模式，探索育人新途径。

通过全面开展国学教育，让学生了解中华文明，传承优秀文化，弘扬民族精神，塑造其良好的思想品德、健全其人格修养；通过背诵，培养学生挑战自我、勤奋学习的态度和毅力。激发学生诵读国学经典、阅读国学经典作品的兴趣。

19. 硬笔书苑——硬笔书法校本课程简介

我校的"硬笔书法"校本课程本着务实提升的原则，在提高学生写字水平的同时，丰富了学生的文化内涵，提升了学生的人文素养。

在教学方法上，重视学生读帖能力的培养。让学生亲历读帖的过程，在尊重学生的读帖结果的基础上进行科学指导。提倡写前读、写时读、写后评的训练方式，真正将读帖训练落到实处。在写字教学中坚持精讲精练和举一反三、宁少勿滥、求质不求量的原则，"精讲"必须使范字的讲述科学化、规范化、趣味化，易于学生接受和理解，"精练"必须在理解的前提下进行临写操作。

在书法教学中，课程有趣味，教师有文化，学生有提升，逐步培养学生的审美情趣，让学生感受中国传统文化的内涵与博大，实现课程育人、发展人的目标。

20. 笔走墨香——软笔书法校本课程简介

书法社团是我校书法爱好者共同组成的学生社团组织。本着弘扬民族优秀传统文化，丰富校园文化生活，提高小学生文化素养，陶冶小学生艺术情操的宗旨，提高大家的书写能力、欣赏能力、道德素质和艺术修养，力争在艺术和实用之间找到完美的结合点。

21. 指尖魔法——三阶魔方校本课程简介

三阶魔方，是一个正6面体，有6种颜色，由26块组成，其中有8个角块，12个棱块，6个中心块（和中心轴支架相连接），魔方总的变化数约等于 4.3×1019。如果一秒转3下魔方，不计重复，也需要转4542亿年，才可以转出魔方所有的变化。由此可见，这么多变化使魔方每次玩起来都有一种新鲜感，这种万变中又有不变是魔方的最大魅力。

学生们在还原魔方过程中由于时刻保持高度的注意力，所以培养了专心做事的好习惯。由于要在短时间内还原魔方，这就需要学生有良好的判断能力、推理能力、反应能力以及空间想象能力，增强学生的信心和耐心。

22. 旋风足球——足球校本课程简介

足球是一项全世界人类热爱的体育运动，随着足球运动的发展，这项运动已开始走向校园，校园足球除了体育运动技能的训练，更强调的是足球精神的获取。积极向上、果断机智、顽强拼搏、团结合作的精神正是一个成长中的学生所需要的品质。

学校开展足球校本课程，让每一位学生更多地接触足球，达到每一个学生都能掌握初步的足球技能，了解足球知识，了解足球发展的历史，在活动中形成勇于拼搏、敢于竞争、团结合作的品质，并把在足球活动中形成的精神迁移到更广泛的学习生活中去。

第四节　多元评价　助力发展

自信教育不是单方面的受动过程，而是教师、学生、家长三方面联合行动的结果。它强调积极协作、相互配合，共同为学生创造一个宽松的学习环境。我校实行的自信教育方式和方法，逐渐得到了学生、家长和社会的承认，激发了同学们在思想、学习、生活中满怀信心与积极进取。学校根据自信特色目标，建立了教师、学生、家长三方面的自信评价体系。

一、多维度催生"自信教师"

为在我校建设一支与时俱进、德才兼备、勇于创新、自立自信的师资队伍，全面提高教学质量和教学管理水平，激励广大教师献身教育事业，做好教书育人工作，我校决定开展评选"自信教师"系列评选活动并予以表彰。评选的内容包括自信美德教师、自信技能教师、自信敬业教师、自信互助教师与自信成长教师。

1. 评选条件

自信美德教师：

（1）热爱社会主义祖国，热爱中国共产党，热爱国旗，在言谈举止中做学生榜样。

（2）热爱教育事业，发扬奉献精神，在学科素质教育和新课程改革中，积极更新教育观念，使用新型的、适合学生发展的教育和教学方法。

（3）不传播不利于教师之间团结的话，不传播不利于学校声誉的话。教师之间本着团结协作的精神，不互相排斥，更不在学生和家长面前及其他场合暴露教师之间的问题。

（4）衣着整洁大方，打扮得体，不着奇装异服，不留怪发和染指甲。

（5）讲文明话，运用普通话与学生交谈和讲课。

（6）教师自觉实行"首遇负责制"。即谁主管谁负责，在校时谁第一遇到事件谁负责，谁使用的物品谁负责。

（7）积极参与家庭教育现代化建设，与家长建立合作、平等的关系，不利用家长办私事，不因学生的问题而呵斥、指责家长。积极进行家访，合理处理家长的反馈意见，不与家长发生争端，尽量选用电话或网络信息平台与家长协调学生的相关事宜，因学生的问题确实需要与家长面谈时，应尊重协商好家长的时间，不给家长造成不必要的麻烦。

（8）教师必须保护学生的人身安全，不得使学生在危及人身安全及健康的校舍和其他教育教学设施中活动。在学生的人身安全或健康受到伤害时，教师要挺身而出，为学生负责，不得延误对学生的救助和治疗时间。

（9）关心、爱护、尊重学生，平等对待每一位学生；严禁体罚、变相体罚，禁止向学生大声呵斥、讽刺和语言侮辱学生，禁止让学生到讲台前蹲着学习和罚站。

（10）要保护好学生的人身安全。不允许节假日进行全班性辅导学习。如果因自身和学校工作原因，要留学生或请学生节假日到校的，应事先通知家长，放学时要组织好学生排队安全回家或送学生回家。

（11）教师对学生进行课外补习时，不得向学生收钱及其他物品，未经教育主管部门许可，不得向学生收取任何费用，不得进行有偿家教。

（12）未经教育主管部门许可，不得私自为学生订阅任何资料。

自信技能教师：

（1）不断提高科学文化和教育理论水平，积极参加各级部门组织的学习培训，不随意缺席。

（2）认真钻研教学方法，总结适合学生特点的方法进行教学，争取优异成绩。

（3）力争在40分钟内出成绩，不得随意拖堂和空课；不得不经教导处而私自调课；不上与课程无关的内容；严禁课堂以观看动画片为主要内容，严禁放羊式教学。

（4）对后进学生要耐心辅导，让每位学生都跟上队伍。

（5）认真对待考试，在考试中认真监考，认真批卷，认真评卷，不得弄虚作假。

（6）创新评价方式，对学生进行科学评价与鼓励。

（7）努力提升自己的各项技能，能够承担学生的选修校本课程或者组织带领学生进行社团活动。

自信敬业教师：

（1）不迟到，不早退，不擅离职守，认真完成各项工作任务；当教师个人利益与集体利益发生冲突时，应在服从集体的前提下，与集体协商解决，不得无故耽误学校工作。

（2）上课、开会、培训时不会客，不接电话，不带手机进教室，面对学生时不吃零食，不打闹嬉笑，上班期间在办公室不闲谈工作之外的话题。

（3）不利用工作日及午休时间在学校内干私活、打扑克、打麻将等。

（4）凡是学生有活动，教师（包括班主任和其他任科教师）必须参加，并跟踪指导，不得对学生放任自流。

（5）不把学校的公共物品据为己有，对自己使用的电脑尤其爱护，不得在使用电脑时吃东西，在校时间只上教育网和查阅有关的教学内容，严禁看娱乐性软件、网上聊天和游戏。

（6）教师在社会上遵纪守法，不违法乱纪。

（7）按时无误地完成学校的各项工作任务，不拖拉，不应付，不无故推托学校布置的任务。

自信互助教师：

（1）热爱学校，爱护学校荣誉，关心学校发展，尊重领导，服从安排，不说有损学校声誉的话，不做有损集体的事。

（2）谦虚谨慎，团结协作，互相帮助，为人大度，和蔼可亲，善解人意，维护同事的名誉。

（3）遵守社会公德，遵纪守法，不做违法乱纪的事。

（4）作风正派，不拉小集团，不挑拨是非，自觉开展批评与自我批评，能用欣赏的眼光看待周围的同事和他人。

（5）能够以积极的心态帮助或协助同伴完成教学管理等工作。

（6）周围同事遇到困难能够积极伸出援助之手。

（7）骨干教师积极担任青蓝结对师傅，及时指导青年教师开展课堂教学、班级管理、学生辅导、课题研究等方面的工作，促进青年教师成长。

自信成长教师：

（1）积极参加上级下发的课题研究，按要求写好实验方案、上实验课或公开课，按要求记好实验记录、实验计划和总结等。积极参加校级课题的研究，完成课题有关任务。

（2）积极参加教科研活动，上好研讨课，积极参加网上研讨；根据自己的特长，积极开发并承担校本课程，能够完成有关教学任务。

（3）积极听课，认真评课，三年以上教龄的教师每学期听课不少于 16 节，且能写出中肯的听课意见，三年以下教龄的教师每学期听课不少于 22 节，且能写出中肯的听课意见。新分配的教师每学期听课不少于 30 节，且能写出中肯的听课意见。

（4）积极进行教学反思、总结教学经验、撰写教学论文，并按学校要求及时上传或上交。

（5）认真读书，每学期能读一部名著，选读两篇教育书目，并能按要求认真写好学习笔记。

（6）积极参加学校和上级部门组织的培训，认真完成培训任务，写好培训记录和培训作业；积极学习并参与承担校本培训。

（7）做好个人成长规划，不断提高基本功、信息技术技能、课堂授课技能等方面的能力，使自己不断成长。

2. 评选方法

（1）每学期评选一次，全体在职教师均可参加评选。采取自主申报和推荐申报相结合的方法产生候选人，然后由学校领导与教研组长组成的评审团进行评审，确定每个项目的自信教师人选。

（2）对承担不同层次班级教学任务的教师要统筹兼顾。

（3）评选出的本系列自信教师，要经学校校委会审批。

（4）经公示后无异议的本系列教师，在年终的绩效考核中奖励 1 分。

二、全方位培养"自信学生"

为促进学生全面发展，鼓励学生互相学习、共同进步，形成自信品格，积极做到处处能够抬起头来走路，我校结合学生发展实际，制定了"自信学生"

与"向阳花争章"的评价体系。

1."自信学生"评选条件

自觉执行《小学生守则》和《中小学生行为规范》，在《望岛小学自信教育评价体系》的带动下，积极进取，在同学中起到模范带头作用。

（1）身心健康

热爱生活，珍爱生命，以积极向上的阳光心态努力学习、与人交往。

能正确评价自己与他人，性格开朗，懂得感恩，懂得宽容。

乐于参与集体活动，善于与他人合作完成任务，理解尊重他人，愿意与他人交流和分享，保持良好的竞争心态。

积极参加体育锻炼，认真做好课间操，体育锻炼达标，体育总评成绩良好以上。有健康的体魄，有阅读、观看健康有益的图书、报刊等健康的生活习惯。

（2）品德高尚——每学期月主题评价中，每月都是冠军星

有强烈的社会责任感，并能将自己的爱国情感、责任感转化为实际的行动。

集体观念强，与同学友好相处，善于帮助同学，关心同学，乐于为他人服务。

积极参加学校、班级组织的各种活动，并认真完成各种任务。

尊敬长辈，体贴家长，理解教师，关心邻里；善于和父母、师长交流；听从师长的教导。

诚实正直，有爱心，不做法律禁止的事。

遵守社会公德，遵守公共秩序，在公共场所不拥挤，不喧哗，礼让他人。

有正确的劳动观点与良好的劳动习惯，积极参加值日工作。

有集体荣誉感，自觉维护班级、学校的荣誉。

（3）习惯良好

严格遵守学校学生常规管理要求，尊敬教师，友爱同学，仪表整洁，举止文明。

有良好的生活习惯，学习料理自己的生活，生活有规律，按时作息。

有良好的卫生习惯，学习用品摆放整齐，自觉维护校园内的环境卫生。

有良好的学习习惯，有求知欲，以认真的态度上好每一节课，完成好每一次作业。作业至少有一次获校级荣誉。

爱惜粮食和学习、生活用品；爱惜劳动成果，勤俭节约，不比吃穿，不乱花钱。

（4）学业优秀——学科月评价中，每一条都是优秀等级

课堂表现优秀，作业书写工整，课本、作业本保持整洁。选修校本课程作品或成果优秀；必修校本课程门门合格；班本课程中，作品至少获一次优秀。

坐、立、行、读书、写字姿势正确，仪态端庄；能成为美字小能手。

学业成绩优秀，各学科全面发展，学业检测门门优秀。

善于自学，善于提出问题，能独立思考。

参加校级吉尼斯纪录，成绩优异。

2. "自信学生"评选方法

（1）每学期评选一次，一至五年级各班按全班总人数的20%推荐，最后结合民主投票、师生意见、学习成绩等各方面表现，正式产生15%。

（2）各班按照学校规定的统一时间进行"自信学生"的评选，当选"自信学生"的不仅要符合上述条件，而且班级投票数必须过半数，不进行队员民主投票产生的结果无效。

（3）如一学期中有重大违反校纪、校规的行为一律不得参加各种奖项的评选。

3. "向阳花争章"评价体系

以"向阳花争章"活动为激励手段，我校设立了"向阳花勤学章""向阳花读书章""向阳花礼仪章""向阳花互助章""向阳花俊字章""向阳花责任章""向阳花艺术章""向阳花自理章""向阳花环保章""向阳花感恩章"10项奖章。

在争章过程中，班主任及科任教师在日常教学工作中针对学生某一方面表现突出，可随机颁发"向阳花小喜报"，学生将获得的小喜报积累起来，月末进行汇总，单项获得喜报最多者可申报单项向阳花奖章。学生根据自身的优势将自己争章的具体做法以文字形式记录下来，然后班级召开争章评比大会，由班主任和全体学生共同评议产生。

通过"向阳花争章"评价体系的建立，学校每学期均会评选一批在各个领域表现自信的"阳光学子"，学期末召开总结表彰颁奖大会，进行隆重表彰。

2016—2017 学年第一学期"向阳花大使"名单

班级	向阳花礼仪章	向阳花互助章	向阳花责任章	向阳花感恩章	向阳花自理章	向阳花勤学章	向阳花表达章	向阳花美字章	向阳花创艺章	向阳花奋进章
1.1	刘亦翔	姜懿轩	柳惠馨	张紫轩	王书媛	林泓宇	史小凡	张淑冉	张钧洋	张靖玉
1.2	王泸悦	卢安然	鲁滕威	张东旭	王红云	王力萱	范俊诚	施程瑗	赵韩	金圣彬
1.3	玄熙智	林子轩	孙子翼	李思婷	王鹤霖	李佳鸿	范力月	刘亚平	战仁豪	马跃
1.4	隋浩宇	张正	刘昊轩	丛铭	丛梦涵	王佳怡	郭俊岐	于珈郦	曲星瑀	周湘钧
1.5	梁洲豪	吕晓东	全森森	郑钧元	张靖菲	彭秀峰	刘昊洋	邹存毅	武姝彤	耿小淇
2.1	盛羡棠	王丽媛	田恒语	孙安然	鞠昊燃	丁俊元	张蕴仪	毕嘉翔	庄子墨	梁馨月
2.2	原梓涵	王孜黄	王艺潼	刁炳栋	许钧芋	黄复雪	刘奕辰	卢锦仪	宋宇	张翔羽
2.3	吴迎雪	张毅然	邢博淞	张维鑫	吕纪贤	张晗啸	赵婉婷	毕言旭	胡潇月	卢星如
2.4	王雅萱	李子坤	吴栋凌	孙璐	王怡涵	于昕君	曲励宸	梁新辰	于子晴	韩涵
3.1	王俊几	杨一帆	林呈祥	陈雯婕	高函希	车佳慧	程莎莎	刘崇泽	卢恩希	贾子鸿
3.2	钱依婷	丛宇彤	姜以琳	许子涵	薛宝珠	鞠东源	于佳琪	田昊昆	谭涵方	董秀玲
3.3	王晓媛	王紫涵	赵小雨	王孳晗	闫圣涵	冯程宇	李雨桐	张炜佳	张孜誉	孙奕杰
3.4	王婧文	陈修远	孙嘉怡	郝权	臧子喆	毕钧泽	杨慧姣	林佳易	王楠	沈超
3.5	徐佩瑄	丛媛	侯博瀚	宋佳禾	蒲奕铭	鞠秉峰	韩子硕	辛雨欣	薛明月	从化日
4.1	孟明坤	韩尚静	王鹏驭	柳智昊	王娅茹	周楚涵	丛伟涵	张玉佳	孙艺珍	徐义林
4.2	张少译	于泽惠	夏凡	王陶然	毕晋诚	杨东霖	张晏玮	于靖雯	曲冠臣	鞠丰全
4.3	徐子涵	卢佳婷	杨胜坤	马艺芯	马佳怡	田昕悦	刘佳彧	汲可欣	孙熙明	刘显
4.4	严慧京	马婧雯	陈丽洁	周委航	李悦宁	苏依凡	顾珂菲	刘星圻	邵涣茹	高珂璇
5.1	许鸿林	王浩全	王孟雨	王永松	矫文佳	于海洋	张林杰	辛灵	丁俏宇	高瑶
5.2	曹靖宇	凡喜来	王韵婷	徐天宇	高琪	马雨欣	石少枫	刘宇晨	邹蕙伊	鞠凯琳
5.3	王诗文	柳砚程	王佳怡	张俏俏	徐曼	秦雯	安星烨	王亦安	于梦瑶	龙泉羽
5.4	曹沛彤	刘国政	邓守成	刘美均	于珈浚	邹悦颖	邱晗彬	郎彤悦	尤荟婷	潘悦

三、宽领域打造"自信家长"

家长品行的端正与否直接影响到对学生的教育；家长的师表作用与学生行

为紧密相连；家长的素质——知识、学问、品德、修养、才能，就像火山底下的岩浆，积累得越厚实、越丰满，学生成才的爆发力便越强烈。家长是学生的第一任老师，更是促进学校进步和发展的一股巨大力量，一支坚强的后备军。

为进一步增强家校合作的力度，提高广大家长参与学校活动的积极性，我校以"自信教育"为办学特色，实行"套餐式自主管理家校合作新模式"，希望通过发挥家长自身的优势，积极参与学校管理，参与家校活动，以家委会的榜样作用引领和带动更多的家长，不断提高广大家长的学习意识、参与意识、服务意识及合作意识，并在无形中把这种意识传递给学生，让他们从小立志，长大成才。为此，学校制定了望小"自信家长"评价体系。

1. 评选条件

（1）"组织型"自信家长

主动加入班级家委会，承担家委会的主要工作，能与其他家长通力合作，自主策划、组织班级家委会开展一些丰富多彩的活动，带领学生参加社会实践活动，扩宽学生视野。在家委会各项工作中起到领导、表率作用，热心家校工作，有较强的组织能力。

（2）"志愿型"自信家长

能积极、主动参加学校的志愿服务工作，在运动会志愿服务、家长路队护送、擦玻璃、扫雪等志愿服务中付出大量的时间和汗水，做好教师的坚强后盾，为班级、为学校做出巨大的贡献。

（3）"技能型"自信家长

家长能根据自身的优势和长处，积极到校参与学生生活技能课程的训练，以自身娴熟的技能在课堂中指导、帮助学生进行训练。优秀的家长被聘请为我校班级"技能导师"。

（4）"合作型"自信家长

积极进行家校沟通，通过家长讲座、家长会、家长开放日等活动吸取先进的家教理念。大力响应学校号召，报名参加家长合唱团，并能坚持进行训练；主动提供家访场所，方便教师和其他家长的沟通；积极到校参加家长驻校活动，对学校各项工作给予肯定、鼓励和支持，在家长中传播正能量。凡事以学校大局为重，以学生发展为中心，成为教师和学校最佳的合作对象。

2. 评选方法

每学期根据家长的自身表现，由学校及班主任教师给出量化评定，最终评选出"组织型""志愿型""技能型""合作型"四种类型的自信家长，每类型6人，共计24名"自信家长"，进行总结表彰，颁发证书。

第三章

打造自信高效课堂

　　自信，是一个人立足社会的根本，自信是一个人成功的基石。学校以自信教育为办学特色，践行"自信开启成功之门"的育人理念，立足课堂，多种途径打造自信课堂，让课堂成为学生展示自己、张扬个性的舞台。教师们以构建自信的课堂，以提高课堂效率为目标，充分利用科学与现实生活紧密相连的特点，尽可能地让学生成为课堂的主体，让学生充分去体验，在体验中学习。在课堂的不断实践、改进中，学生的学习积极性提高了，参与性增强了，自主性学习能力培养起来了，教学效果也有了明显的提高，高效课堂探索的效果逐渐凸显。在自信理念的引领下，学校倡导每位教师都要成为研究型的教师，因此所有的教师都参与课题研究。学校的"自信开讲"系列活动就与教师的小课题研究相结合，通过在不同的年级开展相关的小课题研究活动，来培养学生爱表达、会表达、自信表达的能力。

第一节　和谐尊重　播撒种子

新课程标准中指出："表达交际能力是现代公民的必备能力。应培养学生倾听、表达和应对的能力，使学生具有文明和谐地进行人际交流的素养。"自信教育是我们学校的教育特色，"让自信开启成功之门"是我们学校的办学特色。为此，学校在各学科开展了打造自信课堂的活动。

一、落实常规，营造和谐尊重氛围

好的行为习惯是自信的外在基础。为规范学生的课堂行为，学校制定《望岛小学自信课堂常规细则》，运用教学生说唱"课前自信歌""课后整理歌"，评选"学习习惯小明星"等形式，对课堂上的坐姿、书写、表达、课后整理等各方面都做了细致具体的要求，让学生有则可循，从而更好地规范自己的课堂行为。

1. 课前自信歌

铃声响，要坐好，学习用品摆整齐；勤思考，敢质疑，回答问题要积极。我自信，我能行。

2. 课后整理歌

下课铃声响，用品收拾好，摆放新用具，桌面干净美。

3. 课堂学习姿势细则

（1）阅读姿势：端坐朗读，双手捧书，在身体正前方，两手握住书本的两侧，拇指扣压课本，书与桌面大约呈45度角；站立朗读，左手捧书，右手拇指和小指扣压课本；默读批注，课本平放展开于桌面，左手轻按课本，右手拿笔圈点勾画；拿书、放书做到轻拿轻放，毫无声息。

（2）坐姿：抬头挺胸身体坐直，双脚自然叉开与肩同宽，双手左手在下、右手在上自然叠放在桌面上，手里不拿笔、橡皮等学习用品，不玩弄小物品。

（3）举手：右手自然举起，五指并拢，向上举直不离开桌面。

（4）倾听：别人讲话时，要坐姿端正，专心致志地听。应学会边听边想，思考别人说的话的意思，能记住别人讲话的要点。不打断同学的发言，如有不同意见等别人讲完后，再举手示意发表自己的观点。

（5）执笔：笔杆与练习本平面呈 60 度夹角，食指较大拇指稍低，握笔点与笔尖距离保持 3～4 厘米（拇指食指捏住笔，中指抵住笔杆底。余下两指紧相依，指离笔尖一寸余）。

（6）书写：身体正，脊柱直，两臂平放桌上，不耸肩，不歪头，不伏在桌上，大腿呈水平状态，两足着地；眼离书本一尺，身离桌子一拳，手离笔尖一寸；写字时要把练习本放在胸部正前方，左手按住练习本，右手握笔，做到笔画清晰、字体规范。

4. 表达要求细则

（1）要求大方自然，声音响亮，口齿清楚；低年级能说完整的话，中高年级能说完整、连贯、规范的（长）话。

（2）表述形式：语言亲切，态度诚恳，便于交流。

具体语言见各学科的《爱蕴自信：教师、学生课堂语言》。

（3）到前面表达：走到适当的位置双脚自然站立，跟同学问好，目视同学或者眼光朝上倾斜 10 度，做到声音洪亮、落落大方表达。

（4）质疑：要有充分的自信，敢于发表意见，不懂就问。在学习中要善于发现问题，应该抓有意义的问题质疑，提高自己的质疑能力。

（5）讨论：轻声讨论，积极发言，注意文明用语；讨论时注意倾听，不随便打断他人的发言，他人发言完毕后可进行补充。

5. 合作交流细则

（1）认真听清老师提出的问题，先独立思考解决的方案。

（2）在组长的组织下，认真听取同伴的意见，并准备好自己对同伴发言的评价。

（3）在组长的安排下，积极主动地表达自己的观点。

（4）在合作交流的过程中，培养自己的合作技能。

（5）在合作交流的过程中，努力培养自己的合作意识。

（6）认真听取同伴、组长、教师的评价。

6. 作业要求

要养成爱护作业本的良好习惯。写作业时坐姿端正，努力做到"三个一"。

作业必须按时、认真完成并及时订正，课堂作业尽量当堂完成。出现错误时只划一斜线，不得乱涂乱抹，不得使用涂改液。作业纸或作业本须写清姓名、班级，要养成良好的写作业的习惯。

二、探究模式，播撒乐学向上种子

播下一种习惯收获一种行为。打造自信课堂，最主要是在课堂上养成良好的表达习惯，并以此为突破口，积极培养学生的学习本质——"会表达、会研究、会赏识、会合作"，形成乐学能力。我校一直致力于建构尊重、包容、平等、合作的课堂氛围，落实自信课堂的三个维度，即保护、尊重每个学生，激发学生的求知欲，建立平等和谐的师生关系；养成想表达、敢表达、会表达、能表达的习惯，培养自信能力；关注每一个学生的成长，尤其是后进生、弱势群体，实行个体教育，为学生自信夯实基础。在前期探索的基础上，通过"四个一"工程，开展自信课堂的打造活动，努力探求唤醒学生自信的密码，培养学生的核心素养。

1. 探究一种模式，形成新的教学方式，激发学习内因

通过研讨，根据"以学生为中心""先学后教""以学定教"的原则，大胆提出新授课的教学模式，这个模式改变了以往的教学模式，关注学生超前学习能力的培养，鼓励学生在课前进行自主学习，这样课堂上学生能够展示自己的学习所得，并在自己已有的学习感悟的基础上，在教师的引领下，通过思考、探究、交流和合作学习等方法，进行学习提升，使学习真正成为学生课堂的主旋律，从而真正实现激发学生的学习内因，达到"授人以渔"的效果。

以下是新授课的教学模式：

新授课教学模式

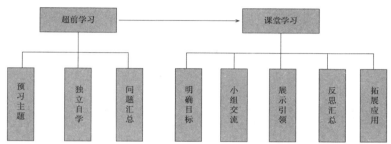

新的课堂模式让学生先行学习，先行探究，学生走进课堂时，是有主见的，有疑问的；课堂上学生的相异性构想先行展示，教师根据学生的学习情况实施有针对性的指导。

在这个教学模式的引领下，以语文、数学、英语、科学学科为主，分别制定各自学科的具体教学模式：

语文学科：课前预习——检查质疑——精读解疑——合作探究——运用拓展

数学学科：课前自学——小组交流——互动展示——织网爬高——拓展应用

英语学科：热身导入（Warming - up）——呈现新知（Presentation）——知识操练（Practice）——拓展练习（Consolidation and extention）

科学学科：情境激趣——提出猜想——实验验证——得出结论——联系生活——拓展提升

美术学科：观察欣赏激趣——探究解决重点——讲解示范点拨——实践创新创作——展示评价提高——拓展延伸发展

……

这样的教学模式，倡导学生的超前学习，鼓励学生主动学习和深入思考，锻炼了学生的学习能力，培养了学生主动学习的积极性。

例如，在低年级的小老师家庭开讲过程中，孩子将自己掌握的知识讲给父母的过程，不仅有效地培养了学生的表达能力，还提升了孩子的学习能动力，激发了孩子探究知识的热情。正如二年级二班张子欣家长所说："听完张子欣的讲课，我发现我的孩子真的长大了。虽然她备课用了好长的时间，但是足以看出孩子的认真。整个过程中，每遇到一个不认识的字她都会积极问我，然后仔仔细细地记在书上，以前从没有发现孩子有这样的学习热情。"这样的改革开启了自主学习的新模式，激发了学生自信密码所蕴含的巨大潜能。

2. 使用一种工具，形成新的学习方式，转变学习方法

新课开始前，语文学科通过"预习卡"，数学学科通过"助学单"，引领学生在家里提前进行自我学习。

为了让"预习卡""助学单"能够有效地引领学生进行课前自主学习，每个教研组以集体为单位落实"三稿研制"。第一位教师执笔进行"预习卡""助学单"的制定，小组成员集体进行讨论修改，由执笔教师进行二次修改，形成二稿"预习卡""助学单"，发放给学生进行课前练习，教师们将学生的"预习卡""助学单"收上来批阅，将出现的问题规整，然后小组讨论修改，由执笔教师形成第三稿的"预习卡""助学单"。因此，经过一个轮回的研制，每个教研组都形成一套历经"三稿研制"的精致课前学习工具，为学生的课前自主学习提供科学合理的工具和指引。

学生在课前对知识有了基本的认识和感悟，为课堂学习打下基础。课堂上，则根据学生的学习所得和质疑问题展开学习，按照自学检测、展示引领、协作探究、拓展应用"四步教学法"展开一系列小组合作学习活动，每个孩子都在这样的过程中获得发展、提高。

为了让教师尽快掌握自信课堂的基本理念，我们以专题讲座为引领，以研究课探讨为手段，以分学科组进行为方法，围绕课前学习工具的制定和课堂四部学习环节等内容，多次集中进行理念的解读、技巧的点拨、实践的应用，并通过校级公开课、学科立标课和达标课三个层次，全面打造自信课堂。目前，新的教学模式正在各学科全面展开。课堂成为孩子展现精彩的舞台，让他们拥有了更加阳光自信的学习状态，并逐渐拥有了一定的学习、思考的能力。

3. 设立一种评价，形成新的评价细则，指导乐学方向

我校培养自信学生的目标是"乐学、向美、知礼"，根据"乐学"这一目

标设立新的评价细则，即"乐学"要达到会表达、会研究、会赏识、会合作等四项要求，对原有的《自信课堂评价细则》进行再一次的改革和完善。

完善后的《自信课堂观察评价表》具有四个观察点、两个评价方面。四个观察点即"会表达、会研究、会赏识、会合作"，两个评价方面即教师和学生。

改革后的课堂观察评价表关注到教师指导学生学习方法的使用，并且对每一处方法的使用都有了详细的指导意见，使教师一目了然。

对学生的学习行为也有了清晰的要求，比如发言时应该怎样做，怎样说，小组交流的时候应该怎样做，这样对教师指导学生的学习有了明确的指导，使课堂的教和学的转变都能够目标清晰、方向准确。

4. 研究一组培养，形成新的交流方式，拓展表达厚度

其一是小组合作的培养。学校出台关于小组合作培养的系列细则，包括《小组长培养方法》《小组合作策略》《小组合作培养细则》等，有力地指导教师培养学生合作的能力。通过一段时间的实践，小组合作交流实现了质的飞越：小组讨论，有一定的次序——从 1 号同学（水平最弱的）开始；小组交流，有各自的任务，发言、操作、总结、提问，角色兼备；小组之间，随时补充，适时争论……孩子们学会了包容、倾听和谦逊，生生互动更加和谐，带动了学习、生活中人际能力的提升。

其二是表达能力的培养。课堂教学中发现学生关于表达的弱项，比如：有时候表达不够完整，有时候急于自己的交流，而忽略或者不听同学的发言，有时候不会评价他人，等等。学校为此带领教师总结出五种方法，成为"一套五法"，指导教师关注学生的倾听、表达和评价，从细微处进行指导。通过一段时间的实施，学生进步非常大。自己交流时，孩子们会说"我认为……，因为……"，不仅说观点，也说形成观点的原因；提出意见时会说"我不同意你的观点，我觉得……"，孩子们学会了倾听，并根据自己的意见学会了补充，做到不重复，不啰唆；交流结束时，说"同学们还有什么问题来问我吗"，学会大大方方听取他人意见，等等。课堂上，学生神采飞扬，侃侃而谈。自信、大胆交流，积极思考和质疑，已经成为课堂上最美的风景；课堂，已经成为每一个孩子自信快乐成长的沃土。

第二节　面向全体　创设氛围

　　学科的核心素养之一就是思考和表达。当学生会思考了、会表达了，那学生的综合素养就会不断提升，自信心也会不断增强，并逐渐内化为学生的内在品质，最终实现学校自信教育的目标：让每个孩子都抬起头来走路，让自信引领学生走向一个又一个成功。

一、依托课题　创设氛围

　　自信课堂的主旨就是要培养全体学生会倾听、会表达、会思考、会应对的素养。为了实现这一目标，各学科都开展了丰富多彩的课题研究活动，课题开展得更是有声有色、卓有实效。

　　在自信理念的引领下，我们倡导每位教师都要成为研究型的教师，因此所有的教师都参与课题研究。我们的"自信开讲"系列活动就与教师的小课题研究相结合，通过在不同的年级开展相关的小课题研究活动，来培养学生爱表达、会表达、自信表达的能力。

　　1. 语文学科：自信读写

　　学校倾力打造的具有语文学科特色的"自信表达"拓展课程，通过活动内容的建构、师生互动等途径去激发学生的学习主动性与潜能，让不同层次的学生都能开口表达，学会表达，热爱表达，潜质得到发展，能力得到发挥。

　　自信表达课程由语文老师具体实施，一、二年级的自信表达课程为周四的校本课程时间，两项内容间周进行，每次活动一课时；三、四、五年级的自信表达课程与语文学科的作文练习和口语表达相融合，由语文教师根据教学进度进行随堂活动，每周每项活动至少一课时。活动中将采取个人自评、小组互评和教师点评三级评价结合的方法，体现教学中以学生为主的理念。

　　2. 数学学科：小老师开讲

　　数学学科根据不同年级学生的年龄和心理特点，开展了不同主题的课题研究活动。一年级的小课题是《开展数学游戏，激发学习兴趣的研究》，从开展数学游戏入手，设置生活场景吸引注意力，让学生多操作、多交流，从而爱上数学思维。二年级的小课题是《培养学生看图说算理能力的研究》，通过教给学生如何看图找信息以及课堂上让学生看图说理等方式，来培养学生课堂的表达能力。三年级的小课题是《培养小老师自信表达能力的研究》，以"小老师班级开讲""小老师家庭开讲"和"小老师组内开讲"三种形式，三管齐下提升学生的数学表达水平和能力。四年级的小课题是《培养学生课堂说算能力，提升自信的研究》，通过导入环节的信息提炼、新授环节的算理讲解、总结环节的知识回顾三种途径来培养学生的说和算的能力。五年级的小课题是《培养学生算理讲解能力的研究》，通过课堂内讲算理、小组内讲算理、家庭中讲算理等形式，培养学生讲解算理的能力，从而培养学生在数学学科上的自信表达。

在课题研究实施过程中，教师们特别注重培养学生的表达能力。通过多种形式的小老师开讲，包括组内小老师开讲、班级小老师开讲和家庭小老师开讲活动，让学生在不同的场合、不同的环境里充分地说，充分地表达自己的想法和见解。比如课堂上，教师会给学生充分思考和表达的时间，鼓励每位学生勇敢地表达，教给他们表达的方法，不管学生说得对与不对，表达得好与差，教师都会用赞赏的眼光、激励性的语言进行评价。学生和学生之间也会进行互动交流、补充、质疑、评价等，真正做到让每位学生能自信地站起来，又能愉悦地坐下。同时还通过助学单引领学生进行探究学习，让学生学会思考、学会质疑，培养他们的自主学习能力。

通过开展"自信开讲"系列活动，各年级学生在数学课堂上的表达能力都有了很大的提高，课堂上充满了笑声、掌声、质疑声、辩论声。学生的思维在碰撞中得到拓展，自信在探究交流中得到提升。

3. 英语学科：巧搭支架

《英语课程标准》强调学生能用英语做事情，教师通过创设良好的语言环境和提供大量的语言实践机会，使学生通过自己的体验、感知、实践、参与和交流形成语感。在课堂教学中，教师若能适时、巧妙地为学生搭建形式多样的语言支架，则可大幅度提升英语教学的有效性，帮助学生逐步形成"用英语做事情"的能力。

英语课堂上，巧搭情景支架，不仅会缩短教学和现实的距离，给学生提供使用英语交际的机会，而且满足了他们好奇、好动的心理，学生将会触景生情，激发起表达的欲望。在教学中，我们经常发现小学生借用汉字和拼音给单词注音的情况，出现这种情况责任不在学生，因为他们没有学音标，不了解英语单词的发音规律，在音与字母之间建立不起联系。因此，在教授新词时我们可以利用旧词，给学生搭建自主学习的支架，让学生自己总结单词的发音，掌握一定的发音规律。

图片不仅能带给学生强烈的视觉刺激，激发学生的学习兴趣，还可以为学生提供学习语境，搭建表达支架。课堂中根据教学目标的需要，整合新旧知识，布置小组任务，如表演、采访、调查等，可以为学生搭建活动支架，让学生积极参与，体验语言使用的情境，提高综合运用语言的能力。

在《小学英语新课程标准》提出的三维目标中，情感态度价值观是其中不可或缺的目标之一。在教学时，教师要善于解读并挖掘出文本深处的内涵，为学生搭建情感支架，让学生在英语课堂的学习中时刻感受到情感的熏陶与教育。

4. 美术学科：微课程设计与实施

在美术课堂教学中，利用微视频创设优美的教学情境，让学生在情境中提升美术技能和素养，实现教学活动的生动和高效；微课把教学所需要的各种图、音、影像以及文字进行整合，直观合理地展示给学生，能够充分调动学生的多种感官，有助于引导学生进行自主探究；微视频能进行直观的示范，有助于不同层次的学生对美术知识、技能的有效掌握；同时，微课是传统教学模式的有效补充，将很多拓展知识做成微课的形式，可供学生课前、课后学习，方便学生自主学习，提高学习效率。

在欣赏评述类课型中，艺术家介绍、背景知识讲解可以增长学生的美术知识，使学生对艺术家的情感、理想、道德、个性等有充分的了解。而美术课堂上，教师简洁的三言两语很难把艺术家创作的背景与创作意图介绍透彻，学生难以进入相应的情境中，继而在后边的教学环节详细鉴赏作家作品时，很难理解当时那个年代作者的创作理念，整节课上完后，学生不能和艺术家以及老师产生共鸣，那预设的课堂效果就不理想。

课程中如果运用较多时间去讲解画家的创作背景、意图等相关知识介绍，课上时间紧，教学任务很难完成，也达不到良好的课堂效果。而如果教师把本节课相关画家的介绍进行归纳、总结并以自述的形式配上恰当的音乐，录制成微课，运用课前几分钟时间进行循环播放，学生很容易被画面、音乐感染，能够快速地进入这个情境中去，了解到相关知识，为本节课的教与学做好铺垫。美术课堂上教师的示范必不可少，比如说水墨画以及剪纸等，都需要老师当堂示范，甚至是反复操作示范，帮助学生去理解和掌握相关手工技巧，如此一来就占据了大量的课堂时间，影响了美术教学的顺利有效开展。而微课的出现就走出了这种教学困境，在美术课堂上，一方面可以反复播放相关的美术示范视频，一个短小精悍的视频不仅可以浓缩相关的美术知识，还能刻画各种美术手工操作细节，从而加深学生的理解和认知；另一方面又可以让学生及时地进行美术课堂实践，同时老师又能针对性地加以辅导，及时巩固课堂美术知识，进而提高小学美术教学效率。

如果说传统的教学方法是"授人以鱼"，那么网络环境下的微课程教学就是"授人以渔"。学生在这种环境下提高了知识的摄入效率，解决了课堂中的重点和难点，获得了好的学习效果，从而提升他们的美术素养。

二、规范语言　带动全体

教师不仅仅教学生学习，最重要的是教学生怎样做人，教师的言行举止无不影响着学生。教师在课堂上经常使用评价语言，而用评价又是惊人的相似，仅仅是为了评价而评价。随着新课程理念的不断渗透，我们都意识到评价是重要的，却又总是走不出传统的为评价而评价的模式。归根结底是教师在主观上没有弄清评价的作用。

"不错、好极了、真了不起"这些都是鼓励性语言，学生一听就懂，这种鼓励的评价过于单一、模式化，学生更希望知道自己好在哪里。鼓励不是一味地说好，而是应肯定学生在某一方面的能力和性格，学生通过教师的评价对自己的优势有所认识。因此我们开发了《"爱蕴自信"教师课堂语言》和《"爱蕴自信"学生课堂语言》，主动评价学生时能发现学生的强项潜能，从而使每个学生都能树立起自信，注意对学生健康的情感、价值观的鼓励性评价是十分重要的。

1. "爱蕴自信"教师课堂语言

听

（1）你们专注听讲的表情，给了我很大的鼓励。

（2）倾听是分享成功的好方法，看某同学正在分享着大家的快乐，我相信他已经有了很多收获！

（3）你的回答中值得肯定的是某，但还存在不足，如果你能某，那就更好了。

（4）某听得真认真，会听的孩子是会学习的孩子！

（5）某同学听得最认真，第一个举起了小手，请你回答！

（6）你听得真认真，这可是尊重他人的表现呀！

（7）你倾听得真仔细，耳朵真灵，这么细微的地方你都注意到了！

（8）谢谢大家听得这么用心。

（9）大家专注的倾听是对他最大的支持。

（10）大家听得这么认真，某读得更有信心了。

（11）听到了，就学会了。

（12）听也是一门学问，你们看，某从别人的回答中捕捉到这么多信息。

说

（1）想好了再说，把自己想说的话在心里整理一下再说，就能说清楚了。

（2）非常感谢某同学的精彩发言，让我们受益匪浅！

（3）某同学，虽然你说的不完全正确，但我还是很佩服你的勇气。

（4）说话要完整，某同学，请你再完整地说一遍。

（5）还应当考虑哪些方面？谁能加以补充？

（6）你讲得很有道理，如果你能把语速放慢一点，其他同学听得就更清楚了！

（7）你的表达特别清楚，让大家一听就懂！

（8）别急，再想想，你一定会说好！

（9）你的见解很独特，这非常可贵，请再响亮地说一遍！

（10）回答问题要有层次、有顺序，可以用上以下关联词。

"有的……有的……还有的……"　"一个……一个……另一个……""先……再……然后……""不但……而且……""首先……其次……"

（11）说得真棒，但"某"一词用得不准确，想想看，可以换成哪个词来形容。

（12）你说得真好，刚才不举手不就失去了一次很好的表现机会了吗？

（13）说得有理有据，佩服佩服！

（14）说话是与别人交流，所以要注意仪态，身要正，不扭动。

（15）心里很明白，却表达不出来，是吗？那让我们来听听别人是怎表达的。

读

（1）"读书百遍，其义自见"，我请各位同学再把这部分内容多读几遍，弄懂它的意思。

（2）听你们的朗读是一种享受，你们不但读出了声，而且读出了情，我很感谢你们。

（3）读得太好了，你把小动物读到我们教室里来了。

（4）你的嗓音很甜美，如果声音再响亮点会更好听。

（5）虽然读得不大流利，但你的声音特别响亮，值得大家学习。

（6）你读得仿佛让我看到了那幅美景！

（7）朗读就应该有自己的个性，只要把心中的那份感受读出来，你的朗读就成功了。

（8）默读，贵在边读边思考，相信你们一定可以做到。

（9）想一想说这话时心情怎样，体会后再好好读。

（10）读得真好，听得出你课前预习得很认真。

（11）看看他的表情，入情入境，半天都没回过神来，你要是当演员肯定是一流的。

写

（1）看看谁的写字姿势最好，注意"一拳定位、前臂定位、二指定位"。

（2）与别人交流时，要注意仪态，身要正，不扭动，眼要正视对方。对！就是这样！人在小时候容易养成不良习惯，要经常注意哦。

（3）某同学，作业本很干净，书写也端正。值得我们大家学习。

（4）字如其人，漂亮的字迹背后有一个认真、漂亮的小姑娘。

（5）抄写完全正确，这既是一种认真的态度，也是一种能力，我们每人都应练就这种能力。

（6）"我手写我心"，你写出了自己的心声，让大家很感动。

（7）你的书写真美，做到了"整洁、正确、速度"。

（8）字写得好看不外乎两点：一是认真，二是间架结构合理。

思

（1）你再想想，你有个聪明的脑袋，老师相信你会想出来。

（2）太棒了，爱思考的你越来越聪明了。

（3）不要慌，胆大些，错了没关系，举手了说明你动脑了，你就是好样的。

（4）某同学，你的问题很有价值，看来你是用心思考了。

（5）联系上下文读读，你也能体会出来的。

（6）从多个角度考虑这个问题好吗？

（7）只要你读书时用心思考，每个人都会有自己的收获。

发言

（1）老师多么想看到你们高举的小手，你们不会让老师失望吧！

（2）好，这次发言抓住重点了，说明你捕捉信息的能力提高了。

（3）把自己的感受与大家一起分享，是一种快乐！

（4）从高举的小手上我看到了自信。

（5）这种想法别具一格，令老师耳目一新。

（6）你看很多同学把心里的胆小鬼打败了。

（7）你的表述别具一格，令人耳目一新，请再说一遍，和大家一起分享。

（8）多美的意境，你用语言都描绘出来了，你一定是学语文的高手。

质疑

（1）"学贵有疑"，谁能把你的疑问说出来？

（2）真好，你的问题很有价值！这是认真思考的结果。

（3）你思维敏捷，连这个问题都想到了，真厉害！

（4）多思、善问是提高自己最好的方法。

（5）你发现了这么重要的方法，老师为你感到骄傲。

（6）你是第一个举手发言的人，老师很欣赏你的勇气。

（7）你的描述，把我们带到了那个意境。

（8）你的发言给了大家很好的启示，代表大家谢谢你！

检查

（1）某同学，题做完了，正在认真检查呢！某同学，已经养成了检查修改的好习惯！

（2）比一比谁是火眼金睛，能发现作业中的错误！

（3）只要你认真、细心就一定不会让"马虎虫"过关。

（4）你知道"笔下误"这种说法吗？检查出来让它无处藏身。

（5）认真检查是对自己负责！

（6）别让"小马虎"成为你学习中的"拦路虎"。

2. "爱蕴自信"学生课堂语言

回答问题时，可以说：

"老师，我认为是……，因为……"

"我是这样想的：……，不知大家是否认可？"

"老师，我知道。这是……"

"老师，通过朗读课文，我知道了……"

"老师，我在课外读到过，书中说……

暂时答不上来问题时，可以说：

"老师，对不起，我不会（我还没想好）。"

"老师，我还没有想好，能先请其他同学回答吗？"

"老师，我还没有想到解决的方法。"

"老师，我可以听听其他同学的说法吗？"

"老师，我想请同桌帮帮我。"

对老师或者同学的发言有不同的看法时，可以说：

"老师（某同学），我不同意（或者不完全同意）你的说法，我觉得应该是……因为……"

"老师（某同学），你刚才解释得非常清楚，但有一点我不这样认为，我认为是……因为……"

"老师（某同学），我想为你补充一点……"

"老师，这个问题，我是这样想的……"

"老师，我认为您说得很有道理，但是，……"

对同学的发言表示赞成时，可以说：

"某同学，你的思路很清晰（你的想法很特别、你读得真美、你画得太逼真了……），特别是……很好，我也要向你学习！"

"某同学，你在交流的时候还用上了四字词（比喻、排比、好词好句……），特别欣赏你爱读书、善于积累的好习惯。"

"某同学，你声音响亮，表达富有条理，用上了（首先、接着、然后、先、再……），我以后也会这样的。"

"某同学，我特别喜欢你开始回答问题的时候，先告诉大家请关注多少页的第几段……，这样我们听得更明白。"

发现同学出错时，不嘲笑，要有礼貌地指出，并提出自己的建议，可以说：

"某同学，我认为你说得不对，应该是……"

"某同学，你读得很流利（你的说法有道理），不过我觉得如果……就更好了。"

"某同学，你有没有想过你出错的原因？上课不……，既不是好习惯，也没有尊重老师和你自己。"

"某同学，虽然你没有回答出，但是相比以前，你已经有很大的进步了。每天进步一点点，你就会越来越优秀的。"

听到同学表扬或建议时，可以说：

"某同学，谢谢你的夸奖！"

"某同学，谢谢你帮我指出了问题。"

"某同学，谢谢你坦诚地帮助我。"

"某同学，我一定会按照您的建议更好地改变自己。"

有疑问时，可以说：

"老师（某同学），我对你讲的想法有疑问，我觉得是……"

"某同学，我从你的发言中发现了一个问题，你能帮我解答一下吗？"

"老师，我对您发表的见解有点疑问，能否让我来说说……"

"对于这篇课文，我想问……不知谁能帮我解决这个问题？"

"老师（某同学），为什么是这样，您能帮我解释一下吗？"

参与小组讨论时，可以说：

"我很认同（或者不认同）刚才这位同学讲的，我还有另外的思路……"

"大家好，你们看我这个想法有没有道理……"

"某同学的发言很有见解，不过我还想对他的发言进行一些补充……"

"这个想法太有创意了，我非常赞同。"

"你的想法给了我启示，我是这么想的……"

小组汇报时，可以说：

"我们小组讨论的一致结果是……"

"老师，对于这个问题我们小组有不同的看法，请大家听听看……"

"我们小组不同意你们的观点，因为……，我代表我们小组成员谈谈我们研究的成果……"

"理越辩越明，经过讨论，我们一致认为……"

"我代表我们组来说说我们的观点……"

课堂总结时，可以说：

"今天的学习，让我明白了……"

"今天的学习，使我对……有了更深的了解。"

"通过今天的学习，我学会了……"

"这篇课文对我的启发很大，我以后要……"

"今天的学习，我收获了以下几点……"

"这节课，……给我留下了深刻的印象。"

这种鼓励的作用十分巨大。这将使他们更自信、更坚定、更乐观地面对生活。课堂上学生迟到了，学习中遇到"拦路虎"，有了过不去的"门槛"，不是"杀虎""砍门槛"，而是让学生根据自己的学习状况进行评价，随时进行自我反馈与分析、自我调节与完善，从而积极地把评价纳入学生的认识活动中去，使他们在自我评价、自我比较中获得自身发展，从而明确评价的作用。教师根据不同的教导情境以及学生不同的性格特点，评价语言可以丰富多彩。教师可以运用口头语言、表情语言、肢体语言，调动全身的每个细胞参与对学生的评价，通过恰如其分的评价、动作与极富感染力的语言，把自己的情意传给学生，以自己的真情感染学生，这样才可以使评价的作用发挥得淋漓尽致。

三、巧做预习，助学课堂

预习是课堂教学前的准备，是课外到课内的桥梁和纽带，是初步发现问题的阶段，是激发学生求知髓、学习兴趣和培养学生自学能力的重要手段。学生只有充分预习，课上才能有效地、主动地参与学习，才能真正成为学习的主人，教学才能达到事半功倍的成效。让学生学会自主预习，提高预习有效性，能更好地培养他们自主预习的好习惯。"授人以鱼，只供一餐之需；授人以渔，终身受用无穷。"学会预习是学会学习的开始。基于此上原因，我们将预习作为自信课堂的一部分重点打造。

助学课堂就是"先学后教，以学定教"，强调三助，学生自学，生生互助，教师帮助。关键在于能够准确为学生的学情"把脉"，把教学的力量用在重心处和关键处，实现"三个不教"（学生已会的不教、学生通过自主探究或合作学习能弄懂的不教、教了也不会的不教），切实把教师从烦锁的课堂讲解中解放出来；把学生推到台前，让质疑、争辩、补充、修正等充盈其间，在师生、生生多维互动中，实现师生的共同成长。

学生自学倡导先学后教，在"一探二学三生疑"的预习指导策略中，不断提高学生的自主学习能力。一探是避免把预习等同于看书自学的做法，因为这会使得学生的预备学习，变成了被动地接受或简单地模仿。所以，我们一般先安排一道较有挑战性的问题让学生先行思考，在探而不得或是探而不明的时候，再安排看书、操作、实验或是收集资料等活动，这样可以让学生的探索贯穿预习的始终。了解学生使用助学单学习新知识的情况，可以采用提问的方式，教师设置几个关键性的问题，根据学生的回答，判读学生的理解程度；汇报，让学生汇报预习的经历、采用的方法、遇到的困难、取得的成果等，了解学生预习的深度和对知识的掌握程度；还可以通过做小检测来掌握学生预习的情况；还可以将预习的相互学单在小组内进行交流，再通过全班交流的形式获得学生预习新知识的情况。在反馈的基础上，由学生提出在预习的过程中产生的问题，师生合作共同解答。视问题的难易程度和重要程度，教师可灵活选择释疑的方式方法，如直接回答、讨论、辩论、提供相关材料进行实验、操作等，若学生提出的问题质量很高或是利于教学的拓展和深化，新一轮的课内探究便由此展开。

第三节　交流提升　碰撞激活

我校教师在实施自信课堂打造的过程中，用心实践，改变学生在课堂上的精神状态，让学生精神饱满地参与到学习中去，让每位学生在课堂上都能自信地表达自己的观点。当学生敢表达了、能表达了、会表达了，学生的自信心就在不断增强，从而带动他们在各方面都更加积极、自信，让积极、自信成为学生内在的品质，实现我校自信教育的目标：让每个学生都抬起头来走路。最终达到让自信引领学生走向自己人生的一个又一个成功。

小老师开讲，一路讲来一路收获

本着以"学生为本"的教学理念，开展了"利用小老师开讲，提升学生表达能力"的研究。自课题实施以来，可以说是"一路讲来，一路收获"，有效地培养了学生自信表达、主动思考、认真倾听的好习惯。我们的小老师开讲就如同一个蹒跚学步的孩子，从学着走、学着说，慢慢地能够自己走，到现在大踏步、自信地前行！小老师开讲包括"家庭小老师"和"班级小老师"，旨在锻炼学生的表达能力，促进学生综合素质的提升。

一、小老师开讲，学生敢说、自信地说

小老师开讲能够很好地鼓励学生大胆发言，特别是性格内向，平时在课堂上不爱举手发言的学生。班里的学生平时在课堂上回答问题声音比较小，而且回答问题的积极性也不高，自从开展了班级小老师开讲，能够很明显地感受到学生们发生的变化，学生们会觉得能够被老师选中，在全班同学面前进行讲课，是一件非常自豪的事情。

回到家，学生们会很认真地进行"备课"，填好"备课卡"。当然在讲课的过程中，有的学生却比较胆怯、不够自信、不敢面对大家"说"，为此，我们会对每一位"小老师"的讲课情况进行评价，让他们及时发现自己存在的问题，不断鼓励，经过了多次的小老师开讲，我们发现班里很多学生回答问题的积极

性变得特别高，能够勇敢、自信地站在讲台上表达自己的观点。

二、学生当家做主，成为课堂主人

小老师开讲让我们的课堂真正做到了"以生为本"，改变了学生课堂的学习方式，打破了传统教师，唱独角戏的状态，使全体学生都能积极主动地参与到课堂学习活动中来，为学生的自主学习创造了有利的条件。在我们的班级小老师开讲中，学生真正地当家做主，成为了课堂上的小主人，在讲课之前，他们会和教师一样要提前回家备课，然后第二天再站在讲台上讲课。针对学生提出的质疑，他们会去处理和解决，最后，还要进行自我反馈。在这一系列的操作活动中，学生真正走进了课堂，融入了课堂之中。

三、师生互动，活跃课堂气氛

小老师开讲让课堂氛围变得活跃起来，调动了学生参与课堂的主动性，鼓励学生在课堂中自信地"讲"、积极地"问"、主动地"说"，人人参与、人人讲；在这样的理念下，学生上课的精神力十足，都爱站起来表达自己的想法，尤其是喜欢提问和争论，积极性特别高。因为，他们感受到了一种自由、开放、无拘无束、能够畅所欲言的课堂气氛。

四、家庭小老师开讲，加强家长、学生沟通

家庭小老师开讲是在学生学习完一个新的知识点后，学生回到家里讲给自己的父母听，要求讲解条理清楚。家庭小老师开讲对于家长和学生来说都是一件新鲜事。正如有的家长说："以前都是我给她讲题，现在是学生给我讲，讲得比我都好。"家庭小老师开讲，让我们的家长对自己的学生刮目相看，学生在面对家长讲课的过程中，更是培养了小老师们的有效表达能力，便于家长了解学生的学习情况。

我们的小老师要把自己掌握的东西讲给别人听，自己掌握的就是80%到90%，并且还要内化成自己真正的知识出题给家长做，这样对于激发学生的主动思考有着不可忽视的作用。而家长评课环节更是一种浓浓的亲情活动，一种亲情游戏式的学习，加强了家长和学生之间的沟通。小老师开讲活动不仅可以

提高学生学习热情，使学生学会学习，还可以培养学生养成主动的、不断探索的终身学习的好习惯。小老师开讲活动开展以来得到家长的一致认可，以下是两位家长在参与过程中的感悟。

《礼记·学记》："是故学然后知不足，教然后知困。知不足然后能自反也，知困然后能自强也。故曰教学相长也。"（《礼记·学记》，戴圣，西汉）所以说：教和学互相促进，教别人也能增长自己的学问。相信这句话是对咱们小老师开讲活动最好的诠释了吧。通过当小老师，钧洋不但巩固了自己学到的知识，还能把学到的讲给别人听，极大地提高了他的学习热情。此外，当小老师给了他很大的启发，让他在生活中时时留意学到的东西，并讲解给周围的人听，尤其是比他小的孩子。因此我认为，教是最好的学，检验一个学生有没有吃透一个知识点，最好的办法就是让他去讲给别人听。建议学校可以多多开展类似的活动，不光是这种课堂上的讲解，还可以开展其他学生感兴趣的领域的讲解，培养一批小讲解员，锻炼学生的表达能力。

——一年级一班　张钧洋妈妈

不知不觉中，焕杰已经读到二年级下学期了，作为家长，我们经历了儿子初上幼儿园忐忑不安的第一天，迎来了渴盼已久的小学生活。由于在焕杰幼儿园时期，我们没有特意去教育他应该怎么去学习，只是由着他自己的兴趣去画画、听故事、看动画等，所以在焕杰刚刚踏入一年级时，我们也是怀着殷切的期盼去猜测着他学习能力是否优秀。感谢我们望岛小学的各位老师，"小老师开讲"以来，我们受益良多！焕杰学习更加扎实，思路更加清晰，语言组织表达能力得到提高，学习兴趣更加浓厚，勇于自我表达。"小老师开讲以来"，焕杰从一个不自信，说话声音不高的"小男孩"，变成一个有胆量、不怯场的"小小男子汉"，带给我们的是满满的喜悦。所以，我们家长盼望"小老师开课"让更多的学生参与进来，使每个学生都能够快乐、自信、充满正能量地成长！

——二年级二班　岳焕杰妈妈

助学单，让课堂闪亮起来

在数学学科，学校我们加强教学研究，着力改革课堂授课模式，借助助学单的课题研究来打造自信课堂。在课题实验中，我们以助学单为抓手，来打造以生为本的自信课堂。助学单是帮助学生预习新课的一种有效形式，相当于一张预习单，一般由教师提前一天发下来，要求学生探究性地先从书中找找助学单上问题的答案，第二天上课教师再讲一些需要重点注意的地方和探究结果的过程。久而久之，学生可以慢慢养成自主预习和自主学习的良好习惯。

一、研制助学单，提升预习深度

以往的课前预习，都是让学生自己看书了解要学习的新知识，没有目的和导向，所以学生的预习就很肤浅，停留在表面，课堂学习效果不是很理想。本学期，我校通过研制高质量的助学单，设计有层次感、有深度的题目来引领学生进行思考、探究，培养学生的自学能力。

一份高质量的助学单，既了解了学生之前的学习基础，又能引发学生对后续学习的深入思考，让学生的预习由无用变得有意义。

二、借助助学单，培养自主学习意识

当学生在认真完成了助学单之后，课堂上就变得有话可说了。交流成为课堂的主旋律。先是组内交流，就助学单上的某个题目，每组同学在小组长的组织安排下，进行有序的交流讨论，而且每个学生都要参与交流。小组内交流完后，就是全班交流，即小老师开讲。在小老师开讲的过程中，一个同学讲，其他同学来补充、质疑、总结等。在这个过程中学生的思维能力得到极大的发展，逐渐地会思路清晰地去表达自己的观点，而且还会有自己深入的思考。

在小老师开讲的这个过程中，学生的语言组织能力和表达能力都得到了极大的提高，自主学习的意识和能力也越来越强。不管讲得怎么样，教师都会给予热烈的掌声。这是自主学习必须经历的过程。

三、依托助学单，让后续学习动力十足

为了帮助学生巩固课堂学习成果，在每个单元知识学习完，我们都会有一

个相关的回顾整理助学单。在助学单的指导下，学生对本单元所学知识进行梳理归纳，做思维导图，沟通本单元知识与以前所学知识的联系，完成知识的织网与构建，并且要求学生把思维导图有序地讲给家长听。开展这样的课题研究，真正让学习成为学生自己的事儿，让自主学习成为学生的学习常态。

以前老师让预习新知识的时候会觉得无从下手，干巴巴地看着书感觉很枯燥，第二天上课的时候自己也不知道哪个地方会、哪个地方不会，没有什么头绪。

自从有了助学单，我们的学习效率都提高了。根据助学单的引领，我们一步步地去思考、去自学，在小组交流中我们也能说出自己晚上预习的情况，还能帮助同学答疑解惑。有了助学单，简单的问题，老师不用讲，我们小老师上台讲讲就清楚明白了。老师在课堂上就着重讲重点和难点，这样节省时间还能锻炼我们的口头表达能力。你瞧，助学单的好处真多啊，有了助学单，老师、同学、家长都轻松了很多。

——三年级三班　于奥琦

有了助学单，上课的时候老师会先让小组长组织组内交流，再找小老师上讲台和全班同学交流自己的观点，同学们提出疑问，小老师先解答，实在解答不出来的可以找其他同学帮忙，最后老师做补充。一堂课就这样很顺利地讲完了。

那时我还不是小组长，也不敢在班级里交流，有一次，我晚上回家认真填写助学单，精心准备了学具。第二天，我上课时鼓足了勇气，要求当小老师在全班交流，我讲得很顺利，同学们也很配合。从那以后，我发现原来大胆地发表自己的观点和意见，并没有想象的那么困难，反而，它其实是一件简单而且有趣的事情。我很喜欢通过助学单来预习新课程这样的学习方式。

——四年级一班　隋佳益

自信表达：品真味　悟真理
——语文课堂特色教学

所谓灵魂，就是我们的家园情怀、爱善美、社会主义核心价值观等，有了灵魂的东西，我们的教育即使在技术上、能力上差一点，也差不到哪里去。唤醒沉睡的灵魂，点亮一盏立德树人的心灯，不是抽象、空洞地说教。丁亚楠老师根据语文课的特点，将立德树人渗透在阅读训练和作文训练中，起到了潜移默化的作用。

一、学中探索——生字识记中明事理

识字教学是低年级教学的重点，在识字教学中，倡导学生在生活中识字，本身就是一个有很多机会对学生进行思想品德教育的过程。

例如，《小小竹排画中游》一课的识字环节：

师：同学们，你们有什么好方法记住这个"打"字？

生：我用加一加的方法，用"扌"加上丁老师的"丁"就可以了。

师：这位同学，你真细心。你注意到了这就是丁老师的丁。谁还有其他的好方法？

生："打"需要用到手，所以是"扌"。

师：是的，你根据这个字的意思来识记它。能给它组个词吗？

生：打架、打人、打骂……

师：同学们，我们能打人、打架、打骂别人吗？

生：不能。

师：是呀，我们在生活中不能随便打人、打架、打骂别人。那你们还能组其他有表示"打"这个动作的词语吗？

生：打球、打水、打鱼……

这样的教学，不仅开阔了学生的思路，又对学生进行了思想品德教育，避免识字教学简单而又枯燥的过程。

再如，在学习"赢"字时，引导学生观察"赢"的字形，启发学生采用

"拆分"理解的学习方法:"亡"就是要有牺牲精神;"口"是要有一个好口才;"月"是指要有时间意识;"贝"是要有创造财富的意识;"凡"是告诉我们要有一颗平凡心。从而告诉学生,只要你具备了"亡""口""月""贝""凡"这五种意识,你就能成功,就能"赢"!这样一分,学生一下子记住了这个对二年级学生来说笔画很复杂的字。这样的识字教学不仅能提高学生的识字能力,而且对学生良好行为和品德的养成也能起到不可估量的作用。

二、读中体味——课文朗读中悟情感

在教学中,要善于抓住重点字、词、语句,引导学生细细品味,从而揣摩其中的思想感情,在读中受到思想和感情的熏陶,受到"润物细无声"的教育。

比如执教一年级《小壁虎借尾巴》一课时,教师设计了这样的环节:

师:(出示课件:把您的尾巴借给我行吗?)同学们,谁想来当这只小壁虎?

生:(对照大屏幕,感情朗读)把您的尾巴借给我行吗?

师:这真是一只有礼貌、真诚的小壁虎。谁想来当这只小壁虎?

师:(出示课件:喂,把你的尾巴借给我行吗?)

师:同学们,你更喜欢哪只小壁虎呢?为什么?

通过换字朗读的方式,让学生明白小壁虎很有礼貌,通过体会字义,在学生心中树立起讲文明、树新风的良好意识,明白了文明礼仪的重要性。

再如执教二年级《浅水洼里的小鱼》一课时,教师设计了这样的环节:

师:浅水洼里的水本来就很浅、很少,仅有的一点水也会被沙滩——

生:吸干。

师:会被太阳——

生:蒸干。

师:小鱼们都会——

生:干死。

(课件出示"吸干、蒸干、干死",用红色字体突出显示)

师：透过这三个词，你仿佛看到了怎样的画面？

生：我仿佛看见小鱼就快要死去了。

师：是啊，多么可怜、多么无助的小鱼啊！你能带着这种感受来读一读吗？

师：透过你的朗读，我感受到了小鱼正在拼死挣扎着。

师：时间一分一秒地过去，太阳越来越热，水越来越少，带着你的感受一起来读。

朗读是语文课堂中最经常、最重要的训练。教师紧紧抓住课文中"吸干、蒸干、干死"三个词语来指导学生有感情地朗读，让学生读中悟，悟中读。让学生通过朗读走进文本，从字里行间感受小鱼的困境，体会小鱼的可怜与无助，从而激发学生对小鱼的同情心和强烈的关爱、保护、救助意愿。

三、写中践行——写字训练中品做人

俗话说："字如其人。"写字教学虽然只是语文教学的一部分，但它也承担着育人的重任。写字教学能在潜移默化中培养学生良好的道德品质。

例如，写字课《美丽的"木"字旁》，教师是这样指导的：

（出示松树林）

师：看，我们来到了一片松树林，"木"遇到了一个老"公公"。（出示："木"和"公"）它们两个特别合得来，决定住在同一间房子里，永不分开。可是它们都很胖，住在一起实在是太挤了。怎么办呢？

生：要变瘦一些。

师：是呀，它们想到了减肥。于是各自使劲地减呀减。嘿，它们还真变瘦了。瞧，"木"现在多苗条呀！它主动住在左半间房里，"公"紧挨着木住下了，不过问题又来了，"木"的右腿、"公"的左胳膊还是挤在一起了。

生：腿和胳膊要收回来。

师：为了让对方住得舒服些，它们都决定做一些改变来适应彼此。"木"把右腿收起一点来，（出示：捺变点）"公"也把自己的左胳膊收紧了些（出示：撇变短）。现在，"木"和"公"终于可以在同一间房子里轻松快乐地生活了。

正是因为它们都为对方着想，收敛了自己的个性，所以它们才能和谐地成为好朋友。

汉字中，很多字由于字体的要求，产生了需要变化的偏旁部首，有的字需要注意各部分的"大小"和"避让"，形成巧妙的顾盼与呼应，做人何尝不是如此呢？学生在了解左右结构字特点的同时也明白了人与人之间和谐避让、相互谅解的美德。

再如，《浅水洼里的小鱼》一课中的写字环节是这样进行的：

师：仔细观察"滩"字在田字格中的位置，怎样可以写好它？

生：三点水写成弧形。

师：是的，这样的三点水才紧凑。大家紧紧团结在一起力量才能大。

生：单人旁贴近竖中线。

师：你们观察到了笔画的占位情况。

师：要想写好这个字是有小秘密的，部件紧凑是最重要的一点，它们要手拉手、肩并肩紧贴在一起，就像咱们的班集体，每个同学都要彼此谦让，团结一致，才能和谐共处。单人旁是家里的顶梁柱，它的责任最重大，个头要是最高的，像咱们家里的爸爸一样能够为家人们挡风遮雨。最后横画间等距也很重要，距离相等、匀称了，整体才能美观。

通过这样的指导，学生在写字中，养成了良好的习惯，学会了如何与人相处。同时，在写字教学中，还可以进行象形字、会意字的拓展，进行中华民族文字历史的教育，使学生的民族自豪感油然而生。

四、练中抒发——小练笔中展认知

在表达、写作过程，教师指导学生用明辨是非的眼光观察生活，去识别社会每个角落的真、善、美，学会做人。

例如，在教学《浅水洼里的小鱼》一课时，教师设计了这样的表达练习环节：

师：老师相信同学们是关爱生命、有爱心的同学。你们瞧，森林里，一只可爱的小鸟受伤了，你们会怎么做呢？（出示课件）

生：我会跑过去，捧起小鸟，把它送回家。

师：你真是位有爱心的学生。

生：我会跑过去，捧起小鸟，为它疗伤。

师：有了你的爱心和帮助，小鸟一定会康复重返森林。

生：我会跑回去，抱起小鸟，带回家给它治疗、喂食。

师：你真是位细心的学生，你了解小鸟的无助，小鸟一定会感谢你的。

这样，在口语表达中，学生既提高了表达能力，又懂得了关爱生命。

语文教师是学生直接的榜样，教师的情感、态度对学生有着最直接、最重要的影响。"学高为师，身正为范"，教师的人格感召是任何教科书、任何道德箴言都不能代替的一种教育力量。所以，作为语文教师不仅要提高业务知识，更要提高自身的修养，塑造良师形象，力求通过身教对学生进行道德教育。品真味语文，悟做人道理，点一盏温暖的心灯，唤醒灵魂的教育。

巧设问题　深度思考
——数学课堂特色教学

一堂数学课能否引导学生走向深度思考的关键在于问题的设计。那么什么样的问题才能引导学生走向深度思考呢？三年级刘巧妮老师认为，首先，是核心问题的设计要准确，然后是围绕核心问题设计的子问题要具有思考性、探究性、拓展性。

一、问题要有思考性和趣味性

数学教学活动要有利于学生主动地进行观察、实验、猜测、推理与交流。所以我们设计的问题首先就必须具有思考性，即这类问题应当要求学生具有某种程度上的独立见解、能动性和创造性，不能让学生不假思索就能说出答案。当然，这里所谓的思考性也应有个度，即必须与学生的实际水平相适合，而不能超出学生的掌握范围。其次设计的问题要有趣味性，有趣的数学问题能让学生对数学产生浓厚的兴趣和求知欲，让学生感到数学课堂是一个乐园，在玩中就能学习数学知识。

《认识平行与相交》这节课，在让学生尝试画平行线这一环节时，我问学生们："根据本节课所学的基础知识，你们能画出一组互相平行的线吗？比一比谁的方法多。"这一问题需要学生进行一番琢磨，同时比赛的形式是学生感兴趣的，所以结果真的是惊喜颇多。有的学生利用一张纸对折再对折，折出互相平行的一组线；有的学生利用直尺的两边画出一组平行线；有的学生想到用量角器的 0 刻度线来画一组平行线；还有个学生想到利用直尺的刻度来画一组平行线……

由于问题的设置具有思考性和趣味性，在这堂课上，学生充分利用工具、学具和所学知识，发挥想象力，想出了很多画平行线的方法，引导他们对平行线基础知识进行理解与运用。由此可以看出，教师提出的问题能够引领学生动手实践、自主探索与合作交流，是学习数学的重要条件。而只有让学生在亲身体验和探索中经历"做数学"的过程，才能够有效提升学生学习的主体性、能动性、独立性，才能让学生觉得数学好"玩"，使学生在"玩"中接受数学、运用数学。

二、问题要有探究性和实践性

教师在设计问题时还要注意问题的探究意义和实践意义。一个问题的优劣，关键是看该问题在实施过程中能否激发学生的探究愿望，能否让学生更深入地挖掘出问题深处的内涵，能否促进学生对问题进行重新思考，从而能够提出新的问题。

在学习了点到直线的垂直线段最短，也叫作点到直线的距离这一知识点后，我带着学生们一起做课本中这样一道练习题：同学们根据点到直线的垂直线段最短的知识点，就能判断出最有可能抢到板凳的小朋友是谁，同时也知道这个游戏是不公平的。接着我就向同学们提出了一个"爬高"问题："怎么样才公平?"这个问题刚提出，教室立刻鸦雀无声，学生们不再像回答上面问题时那么积极踊跃。但这种平静只持续了不到一分钟，接着就有同学喊出来："如果是圆圈就公平了。"有些学生听到圆圈两个字突然被点醒，也有些学生仍然是眉头紧皱。接着我就请这个喊出圆圈的同学起来给大家解释一下。这个同学是这样解释的："小朋友们站到圆圈的边上，凳子就放在圆圈的中间，这样就公平了。"讲桌上正好有一个圆规，我拿起这个圆规就给同学们画了一个圆形，一边画一边让学生们观察，这个同学刚刚讲的这个游戏规则是否公平。等我画完圆形的时候，学生们纷纷举起了手，包括之前那些愁眉不展的同学也兴奋地举起了手。最终同学们得出结论，修改后的这个游戏规则是公平的，因为中心点离圆圈上的任何一个小朋友的距离都是相等的。

看到学生们还依然兴奋着，我接着问："谁还能想出其他的游戏规则是公平的吗? 小组内讨论交流一下。"同学们把刚才的兴奋劲儿带着去探究新的游戏规则了。一会儿工夫，同学们探究出：如果是四个人参加比赛，正方形、长方形都是可以的;如果是三人参加比赛，等边三角形是可以的;如果是五个人参加比赛，五角星形状是可以的……

如果你有一个苹果、我有一个苹果，彼此交换，那么我们每个人只有一个苹果;如果你种一个思想，我有一种思想，彼此交换，我们每个人就有两种思想，甚至多于两种思想。小组讨论、集体交流使学生集思广益，开拓思路。根据练习题提出新的探究性问题引发学生们的发散思维，每个学生在这节课结束的时候都显得意犹未尽，还有几个学生课间的时候聚在一起探究如果是更多人参加比赛，什么样的比赛规则是合理的、公平的。这一探究性的问题，进一步提高了学生的数学实践能力，帮助学生积累了数学思维的经验。

三、问题要有拓展性和创造性

数学知识的严密性和系统性决定了数学知识之间是有联系的。因此，数学课堂上设计的问题不能局限于固定的数学知识，要有一定的拓展性和创造性，要留给学生足够的探索空间。这样，才能让学生去思考、去探究，思维始终处于积极的状态。学生只有通过观察、实验、猜测、验证、推理与交流等数学活动，才能自行发现规律，自主获取知识，这样更有利于其对数学知识的理解掌握。

如在学习《三角形的内角和》这节课后，我设计了两个拓展性的问题："学习了三角形的内角和是180°，那么你能想办法算出四边形、五边形、六边形等图形的内角和吗？你能总结出这些图形的内角和与图形边的多少有什么关系吗？请大家用学过的知识进行验证、归纳、总结。"

有了三角形内角和的基础，探究这些图形的内角和时，有一部分学生交流的方法是先画出图形，再用量角器测量出各个角的度数，然后再相加的方法，并没有总结出图形内角和与边的多少有什么关系。有的同学交流的方法就是将图形进行分割，将图形分割成我们熟悉的三角形180°来进行计算，这样排除我们自己手工画图中的误差，例如四边形可以分成两个三角形来就算，内角和就是360°，五边形就可以分成三个三角形来计算，内角和就是540°，六边形就可以分成四个三角形来计算，内角和就是720°，七边形就可以分成五个三角形来计算，内角和就是900°……然后通过这个规律总结出图形边的数量减去2，然后再乘180°就可以求出这个图形的内角和是多少度。

在学习了三角形内角和这个知识的基础上，让学生对四边形、五边形、六边形等图形的内角和这一问题进行研究，通过课堂上的交流，教师会发现不同层次的学生的解答方法也各不相同，实现了不同的人在数学学习中得到不同的发展。同时在成功的基础上，又能去拓展更深层次的问题——"图形内角和与图形的边有什么关系"。在学生思考、验证、推理、交流的过程中，培养了学生良好的思维品质，使学生的认知结构得到了有效发展。这就是说，教师设计的问题应具有一定的拓展性和创造性，这对学生发散性思维品质的培养以及创造性才能的高度发挥是十分有用的。

总之，好的问题设计是引导学生深度思考的源泉，是课堂教学的驱动器。教学中，教师要以学生已有知识和经验为基础，创设最佳认知条件，引导学生自主地发现问题、分析问题和解决问题，真正以问题驱动学生的求知欲，引领学生深入探究，这样才能构建有深度的课堂。

妙手挥出 彩色歌谣
——音乐课堂特色教学

手势语言是无声的语言，是表达情感和思想的重要辅助手段。针对小学学生生性好动、注意力不稳定、自控能力差的特点，我校音乐老师宋岩一直探索将手势语言运用到音乐教学中。结果发现，手势语言的加入，能更好地激发学生的兴趣，吸引他们的注意力，从而提高音乐课堂的教学质量，同时也让音乐课堂因为学生们的专注散发出绚烂的色彩。

一、神奇"柯达伊"点亮课堂

对小学低年级的学生来说，他们对音高的概念很模糊，甚至没有概念。那如何才能让他们掌握"1、2、3、4、5、6、7"这七个音的音高，宋老师想到了柯达伊手势教学法。

柯达伊手势是借助七种不同手势和在身体前方不同的高低位置来代表不同的唱名，在空间把所唱音的高低关系体现出来。它是教师和学生之间进行音高、音准的调整、交流的一个手势语言形式，也是促进学生学习音乐的芳香剂和加油站。

例如，音乐老师在教授一年级新教材歌曲《布谷》时，这是一首 3/4 拍的乐曲。这首歌曲中，学生最不易掌握的就是这首歌曲的节奏感。还有歌曲的旋律中的"1、2、3、4、5"五个音符。为了更好地激发学生的学习兴趣，达到更佳的教学效果，我决定在教唱这首歌的时候，带着同学们用柯达伊手势齐唱这首歌曲的几个小音符。经过课堂实践，我发现学生们加上柯伊达手势后，唱歌的时候情绪明显激动，学习的热情也高涨起来，3/4 拍的节奏也在不经意间就掌握了。

为了提高学生的演唱音准，我把几个重点音进一步形象化地讲给学生：五个音符分别住在五个楼层中，"1"在一楼，"2"在二楼，"3"在三楼，"4"在四楼，"5"在五楼。兴趣是最好的老师，通过音符的形象化，提高了学生的学习兴趣，而且在用手势认识音符的同时，对音符的音高有了形象的视觉感受。这时抓住时机进一步延伸，又让学生自己选择他们所熟悉的一些歌曲，如55 55/3 6/5 － /3 －/44 44 /4 6 /5 － /2 －/（选自二年级上册《小乌鸦爱妈妈》）。学生边唱边做手势，歌曲的演唱难点很容易就解决了。

在教学实践中，宋老师发现平时学生在唱"4"时找不准音，但当用手势表示时，几个连起来的"4"音唱得出奇的准。平时注意力不集中，上课懒洋洋的学生都学得非常专心，教学的效果非常棒。通过柯达伊手势的加入，学生们不仅能完整演唱歌曲并且音高掌握也比以前扎实了，学习兴趣也比以前浓厚了。

二、温婉手语爱洒课堂

一段时间以来，音乐课一度被称为唱歌课，好多学生无法深刻地得到愉悦身心的体会，但当把手势教学引用到高年级课堂时，每一位学生都是那么的专注，在五年级教学《感恩的心》这首比较流行的手语歌时，连平时不愿意演唱的学生都是那么有感情地边唱边表演，脸上流露着无比自豪的神情。

例如其中一段歌词："天地虽宽，这条路却难走。"手势非常简单易懂，向上指是天，向下指是地，难走用摇头来表示。形象的手势吸引了五年级三个班级的所有同学。他们都很积极地学习，最后全部学会了这首歌的手语。趁着这股手语热，我赶紧趁热打铁课外拓展了手语歌《让爱传出去》《国家》等。在今年的学校合唱比赛中，有好多班级选择了手语歌作为比赛曲目取得了很好的成绩，也在全校掀起了一股手语风。

这让音乐老师真正体会到了有声语言和无声的手势语言结合起来的妙处，在课堂上手语的加入使歌曲的内涵更好地得到了表达，学生也真正体会到了音乐学科陶冶情操、愉悦身心的美感与享受。让手势的形式美引发学生感知音乐作品的声音美，从而达到净化心灵、陶冶情操、启迪智慧的目的。

三、形象表现手势活跃课堂

为了发展学生的自主思维，灵活合理地运用柯达依手势语言，我校音乐教研组老师经过研究之后决定把手势语进一步延伸，让学生把自己喜欢的歌曲进行创作，用身体语、手势语相结合表达内心感受。

如三年级集体舞《我们的祖国是花园》，这是一首欢快的具有新疆风格的歌曲，首先我让学生运用柯达依手势形象地唱准歌曲，再让学生自己把见过的一些新疆舞的动作运用到这首歌曲中，学生你一个、我一个地做动作，然后我再提取一些好的动作全班同学运用到这首歌曲中。

五年级上册欣赏《天堂》的教学中，学生自己能根据对音乐的感受在356 i 6/6 – /6 –/延长音"6"时手在头顶上交叉做飞翔状（学老鹰飞翔感），为了活跃学生的思维，我又顺便做了几个简单的蒙古舞的手势，让学生自主凭对音乐的感受加到欣赏的过程中去，让学生动起来。这样学生不但认识掌握了蒙古、新疆族音乐的特点，而且对延长音的时值问题也有了更深一步的认识和理解。学生欣赏乐曲的兴趣非常高。

手势语言有很多种，有可以辅助唱准音准的柯达依手势；也有根据歌词形象化的手势，它可以让同学们迅速高质量地融入音乐中；也有手语手势，例如一些手语歌，加入手语之后学生们学习的兴趣相当高，还有在合唱中，指挥的手势都是非常重要的，例如呼吸的手势、声部准备的手势、最后结束的手势等。当然手势也不能用得太频繁，用的太多反而会使课堂气氛沉闷，学生产生审美疲劳，注意力分散。所以，手势的使用应该明确、简单、合理，它只是课堂教学中语言的"辅助语言"，也是平时音乐教学中"特有的语言"，如果脱离有声的教学语言，手势也就没有意义了。

总之，经过一段时间的实践，通过对手势语言的灵活合理运用，对开发学生的创造潜能，提高学生的审美情趣，发展学生的个性都能起到很好的促进作用。"激发学生对音乐的兴趣，是把音乐美的魅力传递给他们的先决条件，培养和激发学生学习音乐的兴趣，必然成为他们热爱生活，陶冶情操的助长剂。"①
而手势语言正好是恰如其分地证明了这一点，在有声语言和无声手势教学相结合中，我们望小的学生们都在向"人人开口唱，校园歌声亮"中前进着。

"银杏树下"自信成长
——灵活多样的班本课程

　　课堂表达能力的培养，通过依托班本课程来完成。我校自主开发了具有学校特色的"银杏树下"班本课程，经过几个学期的深入研究和培养，我校教师和学生在表达习惯方面都有了很大的提升，教师和学生都变得更自信了，课堂更融洽也更流畅了，很多师生被评为自信教师和自信学子。在区里举行的一次次课堂大赛和市级公开课中，我校教师也都取得了非常好的成绩。学生课堂良好的表达习惯和自信风貌也得到了大家的一致表扬，教师撰写的很多教研论文、教育随笔等，也发表在各级刊物上，并在环翠区教研中心组织的同研论文评比中获奖。

　　对于表达能力的培养这一目标体系，通过班本课程的实施，让学生在系列丰富多彩的活动中去发现、去积累、去表达、去成长，我校教师发现这些活动让学生们悄悄发生着变化：他们愿意说了，也更愿意写了；语言的表达都在各自不同的起点上提高了，正向着"敢说写、会说写、善说写、乐说写"一步步走近，更重要的是这套系列活动厚实了学生的根基，增进了学生的自信，使学生们更加愿意参加各级各类的展示和比赛活动。学校举行的讲故事比赛、演讲比赛、诗朗诵、作文比赛等，同学们都积极报名，踊跃参加，没有了胆怯和羞涩，更多了一份自信和拼搏。不仅如此，在区里组织的各种活动中，我校同学也踊跃参加，并取得了优异的成绩。在区团委组织的书信大赛中，我校有多名学生获奖；在区团委组织的"好书伴我成长"演讲比赛中，我校的选手获得了学生组第一名的好成绩。学生的读写表达能力都得到了进一步的提升，潜移默化中培养了学生自信、积极面对学习和人生的好品质。

---

① 　齐萌：《浅谈如何激发学生学习音乐的兴趣》，《大众文艺》，2009 年第 6 期，163 页.

附："自信课堂"观察评价表

班级：　　　　　授课教师：　　　　　观课时间：　　　　　观课人：

观点	观察要素	学　生	评价标准	得分扣分理由	教　师	评价标准	得分扣分理由
会表达	口语表达	1. 声音洪亮，口齿清楚，语速适中、流畅。2. 条理清楚，相对完整。3. 不重复别人的观点，会补充或纠正别人的观点。	优秀 5 分良好 4 分一般 3 分较差≤2		1. 能给学生提供表达的机会。2. 关注表达力较差的学生，能及时给予鼓励帮助，适时进行示范指导。3. 过渡自然，承上启下。	优秀 5 分良好 4 分一般 3 分较差≤2	
	发言神态	1. 发言面向大多数同学。2. 站姿端正，挺胸抬头，信心十足，辅以适度的动作。3. 其他同学用心倾听并注视发言同学。	优秀 5 分良好 4 分一般 3 分较差≤2		1. 能根据学生的表现及时进行指导点评。2. 认真倾听学生的讲解，观察其他学生的反应，及时总结评价。	优秀 5 分良好 4 分一般 3 分较差≤2	
	讲解能力	1. 讲解时侧身面向同学。2. 指点黑板或屏幕文字、图形进行分析时，位置准确清晰。	很好 10 分较好 8 分一般 6 分较差≤3		1. 学生遇到困难时帮助，分层追问，把思考权利让给学生。2. 对不规范的讲解及时纠正、指导和示范。	很好 10 分较好 12 分一般 8 分较差≤5	
会合作	合作能力	1. 组长分工明确，组员积极参与交流。2. 组长进行提醒和督导，帮助小组成员弥补知识缺陷，提高合作能力。3. 认真倾听组内其他组员发言，有问题及时提出。	优秀 5 分良好 4 分一般 3 分较差≤2		1. 教师能选择恰当的小组合作时机，或为学生提供合作的问题情境。2. 教师能参与到学生合作过程中，起到引领和指导作用，逐步提升小组合作能力。	优秀 5 分良好 4 分一般 3 分较差≤2	

续表

观点	观察要素	学　生	评价标准	得分扣分理由	教　师	评价标准	得分扣分理由
会合作	合作氛围	1. 能记录合作成果或问题。2. 清晰完整表达小组成果，对于其他成果进行建设性评价，补充、质疑、讨论。3. 倾听补充完善自己组的意见，在合作中共同提高。	优秀5分 良好4分 一般3分 较差≤2		1. 要留给学生足够的时间进行充分合作。2. 选取较多或典型的小组交流、汇报。3. 进行准确、启发性、激励性评价，及时指导评价。	优秀5分 良好4分 一般3分 较差≤2	
会研究	质疑能力	1. 听懂对方表达的含义，发现问题及时提出并补充纠错。2. 主动提出问题，敢于发表自己的观点。3. 提出的问题有一定的思维含量。	很好10分 较好8分 一般6分 较差≤3		1. 设计层次合理、有一定思维含量的问题。2. 有效引导学生进行质疑，有效利用生成，激发学生新的质疑。3. 对学生的质疑精神及时表扬鼓励。	很好10分 较好8分 一般6分 较差≤3	
	辩驳能力	1. 能围绕问题中心阐述自己或小组的观点。2. 在对方发言完后直接站起来进行辩论。	很好5分 较好4分 一般3分 较差≤2		1. 设计合理的问题引导学生辩论。2. 辩论双方争论不休时能恰当点拨。3. 创设问题情境，营造辩论氛围。	很好5分 较好4分 一般3分 较差≤2	
会赏识	评价能力	1. 能客观、公正地评价他人或小组的观点。2. 能从优点、不足及建议三方面进行评价。	优秀5分 良好4分 一般3分 较差≤2		1. 能给予学生即时性的、恰当的评价。2. 把评价的权利适时让给学生。3. 有效引导学生进行评价。4. 对学生的评价进行适当的点评。	优秀5分 良好4分 一般3分 较差≤2	

续表

观点	观察要素	学　生	评价标准	得分扣分理由	教　师	评价标准	得分扣分理由
总计		学生综合得分	满分50分		教师综合得分	满分50分	
主要亮点							
主要建议							

第四章

丰厚自信教师底蕴

　　教学的自信是指教师对自己有能力成功地完成特定教学活动的信任程度的心理特性，是教师自我调节教学活动的一个重要因素，也是成为优秀教师的自我意识激发的重要品质。教学的自信在教师自主成长过程中具有非常重要的作用和价值，是学校教育教学活动中的一种无形的宝贵财富，是教师走向成功的必备品质。许多优秀教师的成功案例可以说明这一点。任何有战略发展眼光的学校领导者，都应该非常关注教师的教学自信品质，营造良好的教师成长的人文环境，不断提升教师的教学自信，促进教师的专业成长。学校应该像爱护自己的眼睛一样，有意识地珍惜和培养教师的教学自信，促进教师的专业成长。

第一节　关爱赏识　累积泉源

好教育使人快乐幸福。教育的本质是培养人一种积极的态度。好的教育就是让师生过一种幸福完整的教育生活。教师的幸福就是和孩子一起成长。教师只有感受到当教师的尊严，为师者才能聆听到和孩子同成长生命拔节开花的声音。每一个孩子都是一个独特的世界，把每个孩子作为挑战自己的尝试，教师工作就有了源源不竭的动力。作为一名教师，既要有专业的思想，更要有超前的教育理念。做教育者首先是被教育者。我们要成就孩子一生的幸福，也要成就教师一生的幸福。我们要让每个教育工作者有一种做教育的满足感、幸福感。

激励是赏识管理的必要手段。每个教师都渴望理解，渴望得到别人的肯定。所以，在日常管理中我们要积极寻找教师身上的闪光点，予以肯定和发扬。例如，每次比赛、观摩、教研活动之后，我们都会坐下来认真地进行交流、反思，重点挖掘每个人的优点，让大家学会以赞类的眼光欣赏他人的长处，学会分享他人成功的快乐。通过这些活动，大家克服了以往的一味相互挑剔，调整了自己的心态，完善了自我的健全人格，使我们无论在教育研究工作还是教育实践工作中，都能有一种让人感到轻松愉悦的健康氛围。长此以往，大家凝聚力增强了，隔阂减少了，对于他人的不同的教育观点和教育建议，也能够站在客观的立场上来接纳，并开始用积极、友好、反思的态度来审视自己的教育实践。

一、师德为基，丰厚教师成长土壤

"学高为师，德高为范。"师德是教师的立师之本，是教师事业成功的保障，师德建设是教师队伍建设的核心。做"合格的教师"，仅仅是最基本的职业境界，而做"人师"才是最高事业境界。作为一名光荣的人民教师，不仅要具有广博的知识，更要有高尚的道德。

学校进一步加强师德建设，根据区教育局的统一安排，开展师德师风主题教育活动，取得了显著的成效，不断推动了我校师生员工的作风建设和道德建设，同时也促进了我校各方面工作健康稳定的发展。

1. 班子和谐，带动教师

为了加强组织领导，学校成立了师德师风主题教育活动领导小组，我担任组长，负责师德师风建设的全面工作。定期召开专题会议，研究部署工作，验收活动成果。我主要负责抓教师的思想教育，教导主任主抓教师业务理论学习，德育主任负责教师职业道德修养，分工明确，责任到人，领导班子团结合作、协调有力，学校师德师风建设工作开展得丰富多彩。

2. 大力宣传，发动教师

开学伊始，我校就把师德师风建设作为中心工作去抓，召开全校教职工会议，贯彻《学校师德师风主题教育活动方案》精神，统一思想、明确目的和意义，制订了切合我校实际的活动方案，成立了师德师风创建领导小组。召开全体教师动员大会，学习文件精神，安排学校活动步骤。学校领导在动员会上客观分析了师德师风建设方面存在的问题，明确提出了提升我校师德师风水平的举措，要求我校教职工要增强"两个意识"，即责任意识和发展意识；做到"三个加强"，即加强学习上级文件，加强学习先进榜样，加强业务能力提升；实现"四个提升"：在教师政治素质和师德素养上有新的提升，在服务社会、服务家长、服务学生上有新的提升，在树立师德良好形象上有新的提升，在推进学校各项工作和教育教学质量提高上有新的提升。学校开辟了校园广播、师德专栏，及时报道学校开展活动的动态，营造和烘托了师德师风主题教育活动的气氛，扩大了活动的影响，也赢得了社会和家长的良好口碑。

3. 学习加深，活动增质

（1）抓学习，提高对园丁形象工程建设的认识

学校组织教师学习各项法律法规，通过学习，全体教师树立教师职业的光荣感，增强了教师的责任感和使命感。

（2）抓活动，开展系列教育活动

在师德建设工作中，我们从"德为师之本"这一重点出发，开展了"爱岗敬业""正师风、树师魂、正行风、树形象"等师德系列教育活动，组织多种形式的研讨会、报告会，观看录像，开展师德教育讲座等形式营造师德建设的氛围。坚持岗位练兵提高师能。"师德"与"师能"好比一名称职教师的双翼，缺一不可，我校在加强教育提高"师德"的基础上，十分注重提高教师的"师

能"，把师德师风教育与岗位练兵有机结合起来。

一方面，我们加强教学常规的管理，从备课、上课、批改作业等环节规范教师的教学行为，要求教师每节课都要上合格课，力争上优质课，紧紧抓住课堂教学这个主阵地，把"岗位练兵大比武活动"常态化，积极开展课堂教学创新大赛，让教师在日常的教学行为中提高自己的教育教学能力。

另一方面，我校加强了校本教研，充分发挥"教研"职能，促进教师之间的互动，让教师从思想上、观念上、行动上"走进新课程"。针对教师在平时教育教学中遇到问题进行教研，通过教研来解决实际问题；同时积极开展实之有效的"说、上、评"活动，提高教研的实效性。针对以往高耗低效，老师孤军奋战的缺点，建立"高效、共享、反思"的新型备课方式，让老师分工协作，重点突破，备出精品，集体交流，实现智慧共享，并注重教后反思。加强和改善校本培训，努力提高教师队伍素质。通过个人自学"充电"，提升教师自身的文化品位和理论水平；通过新一轮的基本功训练，使教育基本功扎实；通过"专家引领""同事互动"和"专题活动"来促进教师专业化的成长，努力提高教师的业务素质。

（3）抓评估，健全完善阳光监督机制

学校实行"三会一信箱"制度，增强教师职业道德建设的自觉性。

（4）抓深入，树立师德榜样典型

榜样的力量是无穷的，为了把师德建设活动引向深入，学校根据自身特点，树立了"忘我工作的教学典型""爱心感化后进生的榜样""业务过硬的榜样"等。教师树立了"人人身边有榜样，人人都能成榜样"的"师德榜样观"。

二、"1＋1成长"，优势靓点互补充

教师团队是实施自信教育的主力军，是学生自信前行的引路人。教师要想给学生一片树叶，自己就要拥有一片树林。因此，我们形成了教师培养的"三五三培养体系"，即围绕教师培养的三方面目标"博学、敬业、雅行"，采取"1＋1特色成长""教师发展工作室""团队活动""师德重塑""结对互助"五条措施，运用"自信教师评选""最美自信教师推选""靓点播报"三项激励措施，激发教师自主成长的积极性，挖掘需求成长的内驱力，使教师成长的动力

像清晨的阳光一样蓬勃发展。

1. 五条途径，培养"博学、敬业、雅行"的自信教师

（1）教师"1＋1特色成长"

学期初每个教师从"基本功、授课能力、学生评价管理"等几个方面，科学合理地分析自己的情况，找出自己的优势和弱势，并根据优势进行展示，结合弱势进行学习和进步，写出成长计划，规划成长的方式和方法，根据计划进行合理的学习，在期中和期末进行成果汇报，教师于学期末进行成长总结。这项活动使教师很清晰自己的成长点，自主安排成长过程，激发教师成长积极性。

（2）教师发展工作室

学校转变校本培训的组织方式，成立教师发展工作室，下设七个培训社团——心地芳香社团、七彩生活社团、靓点课堂社团、魅力教研社团、壹秀基本功社团、三味读书社团、草根谈社团。社团活动遵循"三自主"的原则，其一是主题自主定。向教师们进行培训需求调查，教师们根据学校工作规划和自身需求上报培训主题，汇总形成一学期的培训主题。其二是培训人自主申请。教师们结合自己的特长或者优势，申报主持培训的主题。其三是内容自主提高。教师们在培训之前都广泛地投入再学习中，培训稿都是反复修改校正的，力争能够给大家带来收获。社团培训三自主，使教师的参与热情高涨起来，从教师的读书、基本功、课题研究、课堂教学、心理疏导等多个方面进行交流和培训，校内形成了积极的学习风气，培训活动得到了事半功倍的效果，真正推进教师的内涵向着博学的方向发展。

（3）增进凝聚的团队活动

要想实现学校管理系统的高效运作，首先需要一个稳定、和谐、向上的"软环境"——一支催人上进的师资队伍。我们的教师潜藏着一股无形的力量和激情，时刻催人积极进取。针对师资队伍年轻化特点，学校选择"体验式"团队建设脉路，让教师在和谐、快乐的氛围中得到"业"的历练与"魂"的提升，努力为教师营造和谐的精神家园，使教师有归属感、幸福感。我们通过多种形式的文体活动让教师在忙碌的同时享受到活动带来的快乐，追寻幸福源泉。例如，分小组踢毽子比赛、教师趣味篮球赛、花样飞绳赛、羽毛球对擂赛、十

人十一足、敲响同心鼓、"唱响未来　唱出自信"教师卡拉 OK 联谊赛、庆新春联欢会等。让每位教师在活动中感受到运动与交流的乐趣，更重要的是增进了教师的凝聚力，使教师们都能欣然接受工作并创造性地寻找幸福，更使我们的校园处处荡漾着一股股充满正能量的幸福，营造自信的精神家园。

（4）溢满爱心的师德重塑

师德教育活动面向全校每一位教职员工，确保人人参与，全面提高。在"爱心行动"引领下，人人都是育人导师，做学生心灵的守护者。要想让学生阳光灿烂，首先应该让教师阳光自信，所以我们注重加强对教师的人文关怀，通过师德培训，增强教师的职业幸福感、光荣感和使命感；通过开展"爱心开讲""师德自我坐诊"，引导广大教师主动查找和纠正自身存在的问题，自我探索丰盈的内心世界；通过"做阳光快乐的自信教师"征文评比、"做自信的向阳花"演讲比赛等活动，宣讲爱心事例，提升职业责任，增强教师育人的自信心。

（5）取长补短的结对互助

同学科内，工作不满五年的新教师与骨干教师师徒结对，师傅从教学设计、课堂授课、作业批改、课堂管理、学生辅导等各个方面带领徒弟成长；同学科内工作满五年以上教师互相之间结成互助对子，在各个方面互相帮助，互相学习，取长补短，共同提高。

2. 三项激励，催发"博学、敬业、雅行"的自信教师

（1）自信教师评选活动

学校制定《望岛小学教师考核细则》，针对教师工作的各个方面详细进行阐述，使教师工作时有章可循，有法可依。每个学期根据教师各项工作的累积，评选出十名自信教师。

（2）靓点播报

充分利用每周工作配档和 QQ 工作群，即时向大家播报教师中的优秀做法和比赛成绩，在教师中营造一种积极向上的氛围，让每一位教师充满正能量。

（3）最美自信教师推选

围绕教师的"博学、敬业、雅行"，设立"自信美德教师""自信技能教师""自信互助教师""自信敬业教师""自信成长教师"五项推选。推选形式

采取由个人自荐，年级组、学校领导推荐，然后由评价委员会评选的方式，从而发现教师在更多方面的优秀之处，赏识不同方面优秀的教师，激发教师在不同角度的成长和进步的源动力，使学校教师层面形成人人都优秀，优秀人人赏的良好氛围。

第二节　互助成长　深化内涵

一、开展校本讲坛，厚实成长积淀

学校的"银杏树下教师成长工作室"内容包括心地芳香、七彩生活、靓点课堂、魅力教研、壹秀基本功、三味读书、草根谈，分别涵盖了教师的教研、教学、心理疏导、读书、基本功及文体活动等方面。

学科课程校本讲坛开讲，有教师个人成长经验交流，《如何备好学科课》《沟通的艺术》《读书陪伴我们成长》《巧妙利用信息技术打打造学科自信课堂》以及三笔字书法讲座、心理健康辅导活动等，充分利用教师资源，由每项培训中有经验的领导和教师主讲。主讲领导和教师非常重视学科培训交流活动，每次的讲座都精心准备，为全体教师提供了一道道精美的教学经验大餐。

为培养骨干教师，开阔眼界，提升内需，本学期多次组织学校领导、骨干教师外出学习，我们组织学校领导到烟台双语学校参观学习；分管领导和学科教研组长到杭州参加千人万课的学习，到上海参加课题经验交流活动……走出去的学习，不仅让参加学习的领导、教师学习到了先进的理念和办学、教学方法；还发现了自身的成长点，回来后通过讲座、公开课等形式，将先进的教育教学理念、创新的学科课堂教学模式等正能量源源不断地输送给全校教师。

我们还通过邀请区教研员到校听学科课，组织教师以展示课和听评课的方式，听取教研员、区领导等专家对学科课堂教学、养成教育、实践活动等各个方面的指导，面对面、手把手的交流和指导，成为直接助力教师们成长的硬实力。

二、紧密青蓝结对，促进共同发展

在学科教学中，工作不满五年的新教师与骨干教师师徒结对，师傅从教学设计、课堂授课、课堂管理等各个方面带领徒弟成长；工作满五年以上教师互相之间结成互助对子，在各个方面互相帮助，互相学习，取长补短，共同提高。

来自于同伴之间的经验、交流、碰撞、指导都是不断成长的源动力。

师徒结对和同伴互助之间的教师，通过采取听评课的方式进行课堂教学能力的提升。他们结合学科教研组的"一备二上三研"的集体备课模式，同级部教师一同研究课堂教学环节，分析寻找本节课的成功与得失，反思教学行为与先进的教学理念的差距等方法，有效解决了自信课堂教学中存在的问题，深受教师欢迎。在研讨的过程中，教师重视自信语言的运用和研讨，总结出鼓励学生"听、说、读、写、思、疑、检查"七种环境下的语言，在学生不敢表达时，表达错误时，表达精彩时给予充分的力量。出台了一系列教师课堂自信用语手册、课堂常规准则、课前自信歌等。

同时师徒结对和同伴互助之间的教师，还进行学优生培养、学困生转化等方面的经验交流互动，师傅引领徒弟，同伴之间互相交流，使更多的好经验、好做法在帮扶中得以传承和推广。

三、打造自信课堂，提升教学水平

本学期，学校注重从引领教师、打造每位教师的自信课堂着手，使教师的课堂教学水平得到稳步提升。

1. 探究"自信高效课堂"模式

通过对教师课堂教学能力的研究，我们将"自信高效课堂"作为培养基点，实现"轻负担、高质量、低耗时、高效益、有自信、增底蕴"的目标。

2. 细化"教师自信课堂的框架"

针对学科特点、年级特点制定学生自信课堂框架体系，使每位教师都能够做到课堂培养基点清楚，培养目标透彻，培养策略得当，有力地指导了教师打造自信课堂的方法。

3. 规范师生的课堂语言

在规范学生课堂学习习惯的同时，编制师生课堂常用语《爱蕴自信课堂用语手册》，规范教师和学生的课堂交流语言。要求每位教师和学生都要学习和掌握这些课堂语言。让学生敢说、会说、能说，教师做到能说、会说、说的好、说的漂亮，引导学生乐于表达、会表达。为此我们要求：一是每位教师和学生都熟知"爱蕴自信课堂语言"，并对这些课堂用语由有意识地说，到运用自如，渐渐形成自信课堂的风貌。二是在听课活动中，评价课堂的关注点之一就是教师和学生的课堂自信表达，以此促进教师和学生真正亮出自己自信的风采。三是本学期举办"教师课堂素养"大赛，每位选择一个授课环节录制微视频参赛，重点是评价语的使用。四是结合学校的向阳花争章活动，全面实施评价机制，从而激发学生想说的欲望，激发会说的潜质，培养说好的能力，提升自信心。

通过实践，教师的课堂与学生的精神面貌都有了很大的发展，孩子回答问题的声音比以前响亮了，回答问题的参与率大大提高了，同时也学会了运用合适的评价语评价他人的优点，对他人的不足给出建议，而不是一味地挑毛病。青年教师能认真学习有经验教师的课堂评价方式与评价语，大家取长补短、互帮互学，青年教师课堂评价能力显著提升。

4. 探索有效课堂教学模式

（1）集体备课

主要抓住以下三点：一是对教材的解读，二是对教学目标的把握，三是设计的教学活动是否是为目标服务的，四是教学中如何培养学生的课堂常规。

（2）课型研讨

我们在打造高效课堂的同时，针对教师在教学中的困惑，我们重点做三项工作：一是分人、分项、分时段研讨学科新授课、活动课等课型，总结成功经验，解决教师授课水平的提升问题；二是通过师徒结对互助课、新教师亮相课、解决新教师怎么上课的问题；三是通过问题探讨课、骨干教师引领课，解决青年教师提升教学方法的问题。通过这样的活动，有效地提高了教师的教学水平。

第三节 校本培训 专业提升

俗话说，学无止境。我校为提升教师的专业素养，对教师进行了校本培训。校本培训形式丰富多样，内容精湛有效。通过开展专题讲座、教师讲汇报课等，使教师对自己的教育教学方式进行反思，优化自身的知识结构，培养创新精神，促进自身的专业发展。我校教师在校本培训后收获颇丰，感悟颇多。

互学互助 提升自我

通过校本培训能够掌握新理念、实践新理念、优化教育过程，为全面提高教育质量打下基础。学校采取"一人学习，众人受益"式培训，要求外出学习、考察培训的骨干教师，必须写出学习汇报材料，并利用校本培训时间对全员教师进行培训，传达学习精神。在聆听了校骨干教师外出参观学习的交流汇报后，我校丁亚楠老师对教育、学校管理以及学生发展等有了更多的思索，努力朝着成为师德高尚、素质精良、能够适应新课程改革实验需要的反思型、科研型的教师方向而努力。

一、更新教育观念

学校开展的校本培训，给教师带入了一种求学的氛围。要想在教学这片土地上找到自己的乐园，学习才是唯一的路。一名优秀的教师没有先进的教学理论充实自己，那么，他的教学在达到一定程度后就难以提高了，而要想成为一名优秀教师，就要努力提高自身素质、理论水平、教育科研能力、课堂教学能力等。教师要更加努力，不断收集教育信息，学习教育理论，增长专业知识。要注重更新自己的教学观念，改变教学模式，努力提高课堂效率，从而更快地达到真正提高自己的目的。即充分发挥我校那些实践经验丰富、理论水平较高的各级骨干教师的带头示范作用，通过讲座或示范课向其他教师传授课堂教学经验、展示教学基本功与教学技能，促进全体教师专业水平的提升。

我们把学习的理论知识转化为实践动能，使之有效地指导小学的教学工作。

通过培训，教师学会了变换角度审视自己的教育教学工作，在新理念的引领下，不断反思、调整自己；每上一节课都认真准备，精心设计，通过电子交互白板、微课、优课等多媒体手段来查阅相关资料并执教，努力构建高效的教育教学活动。

如果一个教师仅仅满足于获得的经验，而不对经验进行深入反思，那么，即使是有 20 年的教学经验，也许只是一年工作的 20 次重复。因此，教师进行学科教学要注重反思，上完每节课都要认真反思，反思这节课成功的地方和不足的地方。

二、大胆尝试创新

未来教育需要"专家型"的教师，这就要求教师既不能脱离教学实际又要为解决教学中的问题而进行研究，在教学活动中进行研究。不断强化课堂教学的研究，有目的地组织教师听骨干教师的引路课、领导的示范课。在评课过程中，着重对目标的落实，课程理念的把握，新教材的认识和使用以及存在的困惑、疑虑进行平等、民主的交流。评课以教师的反思为主，共同探讨教学方式和学习方式。

教师在今后的工作中要努力改善自身，勇敢迎接更多挑战。正是学校的校本培训，让我校广大教师快速发展成为一支师德高尚、素质精良、结构合理、充满活力，能够适应新时期素质教育需要的反思型、科研型的教师队伍，提高教师的创新意识和自我发展能力，达到教师整体素质与学校综合办学水平同步提高的目的，让我们在素质教育发展的大潮中激流前行。

培训中的"及时雨"

今年学期末时，学校针对日常工作的需要，对教师进行了许多针对性的学科帮扶培训，可谓"及时雨"，缓解了学科教学过程的"疑难杂症"。校本培训是全面提高教师素质的重要途径，加强了教师队伍建设，提高了教师的师德和业务水平。

一、加强教师队伍建设，提升班级管理水平

教师是全面、直接负责一个班级学生的思想、学习、健康和生活的教师，教师队伍的业务能力和管理水平直接影响到学校德育工作的开展。本学期，通过斑竹园社团开展的五次教师培训，提高了教师的整体素质。通过组织外出学习、培训和教师自学相结合等方式，加强对班主任的培训，同时学校还注重对学科工作研究，不断总结和传授工作经验，培养了一批具有较高教学水平和熟练业务知识的教师。学生心理方面的培训，对教师了解学生的心理并及时疏导，起到了很好的作用。

二、加强信息技术培训，跟上时代的步伐

本学期，通过王平老师的培训，让其他老师对信息技术在现代课堂的应用有了深刻的认识。通过学习，老师能够在学科课堂上应用自如，大大方便了老师的课堂授课效率。原本，我校老师对微课堂的了解不是很多，自从参加完王平老师的《优课和微课的使用》之后，对微课程的制作有了更深刻的认识。经过讲解和研究，老师们会利用软件制作微课程，将理论应用于实践中。

三、抓好基本功培训，提高教师专业素质

术业有专攻，写一手好字是作为一个教师最基本的功底。本学期通过宋媛媛老师的钢笔字的培训、指导，通过不断练习，我校老师都在不断进步。这些培训方式和内容对教师自身素质的提高帮助很大。

学校加强对校本培训工作的指导，把校本培训作为加强教师队伍建设的重要手段，通过开展校本培训，大力提高了教师专业化水平。

四、人性化培训，帮助教师减压

用良好的文化氛围潜移默化地影响教师、发展教师、塑造教师，帮助教师成就事业。宽松的学校文化氛围，使教师感到"舒心""放心"，能够无所顾虑地工作。

今年，我校组织教师进行了跳大绳的比赛，不仅锻炼了身体还减轻了压力。团结向上的文化氛围引导着教师，积极向上，不断进取，充分发挥教师自身的积极性，使其人尽其能，各尽其才。学校坚持利用传统的节日，搞一些有益的活动。通过活动使教师感到学校在关注着自己，使教师体会到一种主人翁的责任感。

从教师的精神状态和发展趋势看，通过不断的培训，潜能将得到充分的发展。教师能在这样充满温暖、关怀、正能量的大集体里工作是十分幸运的，应该不断努力、不断提升自己。

滋润心田结硕果

随着现代教育的发展，对教师的要求越来越高。教师不仅仅是教授者，更是学习者，学习是终身的必修课。学校开展的一系列校本培训，组织的同伴互助，尽可能地为教师提供外出学习的机会，给我校老师搭建了一个广阔的平台，在学习中不断发展和进步，极大地提高了师德素养和教学业务能力。

一、开展内容丰富的培训，全面提升教师队伍的整体素质

学校从教师自信心的打造，学生习惯自信课堂，基本功技能（硬笔、软笔）提高训练，读书，如何上好综合实践活动课、校本课程等诸多方面对教师进行了培训，以壹秀基本功社团、草根谈社团、七彩生活社团、斑竹园社团、魅力教研社团、心地芳香社团、靓点课堂社团、三味读书社团八个社团为组织形式，在一次次的培训和智慧碰撞、交流中提升自我，收获颇多。

本学期壹秀基本功社团组织的软笔书法大赛和硬笔书法大赛，提高了教师的书写能力，教师的基本功练习更应该常练不懈，只有有了过硬的书写能力，才能更好地指导学生，成为学生信赖、家长放心的好教师。

为了促进学科青年教师的快速成长，推动骨干教师更快发展，学校的魅力教研社团在本学期开展了轰轰烈烈的"自信课堂"展示活动。以教研组为单位，在听课后对课例进行认真的点评，力争在实践中改进和完善学科课堂教学模式，提高学科研讨的实效。在听课、研讨、发现问题、解决问题的过程中，教师教学方式逐渐成熟起来，在互动、互补、合作中不断提高自己实施新课程的能力，将被动的理论培训顺利地转化成能动的教育教学行为，在这一过程中，教师深深地感受到自己成长了，进步了，课堂也更加灵动了。自信化的学科课堂，常听常评，让教师在课堂中找到了自信。

社会的不断发展，教育的高要求，导致现在无论是教师还是学生都面对着巨大的压力。教师工作辛苦、精神疲惫、报酬偏低、缺乏工作兴趣，甚至缺少幸福感；学生学业负担重，课余生活不能自主，甚至还有的学生因为家庭原因导致心理发展不健康。所有的这些让我们意识到帮助教师和学生找到快乐，找到那原本的幸福是多么重要的一件事。为了解放学生，解放教师，学校的心地芳香社团开展了不同的心理讲座。心态决定一切，教师只有用心去赏识学生、悦纳自己才会发现原来自己工作在一个其乐融融的团队中，原来学生有那么多的优点。所以，教师一定要让赏识学生、悦纳自己的种子在心中生根发芽，这样才能结出幸福甜蜜的果实。

二、骨干引领　百花争艳

10 月 25 日，蒋会会老师参加了市教研中心组织的威海市小学学科优质课评选活动。在短短的一天时间里，蒋老师观摩了六位小学学科教师的课，此次听课收获很大，受益匪浅，不仅领略到了各位出类拔萃教师的风采，也从中发觉到了自己在课堂教学方面的浅薄与不足。在以后的教学中，蒋老师会努力备好、上好每一节课，向身边的优秀教师学习。

经过一天的学习，蒋会会老师带着新的教学理念、精湛的教学艺术满载而归，为今后的课堂实践开辟了更宽更远的道路。每一次学科培训对教师的进步、成长、教育理念的更新都有积极作用。通过校本培训，我校教师收获了很多，使教师能够尽快提高自身能力，投入到教育教学当中，在教育这个岗位上有更高的突破。教师应努力总结自己的教育教学，上好自己的每一堂课，努力做一名优秀的人民教师。

校本培训印记在成长路上

转眼一个学期过去了，回顾这忙碌而充实的工作，我校李洪敏老师发现校本培训犹如一条小船承载着这一学期满满的收获。

一、朴实讲座指明前行的方向

今年的学科讲座培训更强调了实用、实效的特点。培训学习不仅仅是让教师习得更加丰富的理论知识，更要有效地指导教师如何省时、完美地去完成工作任务。比如，王平老师关于教学大师资源库的软件介绍和指导使用，让我校其他老师查阅课文资料和制作课件的工作更加省时、有效。吴主任关于如何编写校本培训纲要以及如何开展学科实践方面的培训，让老师们深深意识到学科实践教学已经不再是离我们遥远的"副科"，主科教师更要在学科学习中培养学生的动手实践能力。还有周倩老师、亚楠老师的阅读推荐，更是让我校教师在极短的时间内汲取到了整本书的精华，从中也意识到作为一名教师读书的重要性。

总之，这一场场的培训，犹如一场及时雨，解决了教师在工作中所遇到的难题。不得不说，这样接地气儿的学科培训已经成为教师最喜爱的一种学习方式，有效地指导着教师教育教学的实践工作。

二、同伴互助促进教学的扎实

雷锋曾说："一滴水只有放进大海里才永远不会干涸，一个人只有当他把自己和集体事业融合在一起的时候才能最有力量。"我们现在处在一个合作的社会里，只有互相帮助，群策群力，才能发挥最好的价值。

扎实的教学基本功，是课堂中一贴很好的催化剂；擅长拉近与学生的关系，能让课堂在轻松和谐的气氛中进行学习。为了尽快地提升自己，进入角色，继而成长为一名优秀的教师，在不断的听课学习中，教师充分发挥了自己的集体智慧，每次同伴间听完课，都会针对课堂出现的问题，提一条缺点，提一条优点，提一条改进，再说说自己的讲课思路与过程。本学期，我校教师对小课题和复习的策略等问题进行了探讨和研究，最终敲定了将单元表达方法与课题相结合来进行研究的主题，在复习策略的指导下教师也能够有条不紊地进行学习活动。

荷花虽好，也要绿叶扶持。我校教师的教育能力、教学成绩就是在这种合作中不断取得了进步。

三、外出学习提升实践理念

本学期学校加大"走出去，请进来"的力度，使我们每一位老师吸收新的信息，开阔眼界，树立新的教育理念。我们深知如果没有辛苦的付出和不懈的钻研，就不会完美的课堂。教师要学习的不仅是先进的理念，不仅是的巧妙设计，教师更应该欣赏学习的是"精致课堂"背后的精神。在这种精神和力量的感召下，教师感受到了教育的生机与活力，也更加激发了教师无穷的想象力与向往，让教师能够精神饱满地去面临工作中的种种难题。

在参与校本培训的过程中，我校教师习得的不仅仅是专业知识，更收获了教学工作的方法，领略了先进的教育理念，这些对我们平时的工作都有很好的指导作用。应该说，在这种环境中学习，既有动力也有压力，这对我校教师来说是一种促进，他们应以此为新的契机与起点，在今后的工作和学习中不断调整自己、提高自己，取他人之长，补己之短。让培训、学习的足迹牢牢印记在自己的成长之路上。

业精于勤，荒于嬉

俗话说："业精于勤，荒于嬉。"要想提高自己的教学水平和教师素养，就要不断地学习和反思。本年度，我校王晓琳老师参加各种校本培训，观摩了多节优质课学习。学习了先进的教育理论，也和学校的优秀教师进行了面对面地交流，可以说本学期的培训收益颇丰、获取匪浅。

一、社团培训，拓展视野

本学期我校的校本培训分为斑竹园社团、七彩生活社团、三味读书社团、魅力教研社团、基本功社团、草根谈社团和心地芳香社团，让教师能够在不同的社团中寻求发展，寻找乐趣。

1. 斑竹园社团，教师的灵感来源

每个周一，教师都会在"斑竹园社团"中汲取班级管理的经验，解答班级出现的问题。在本学期中旬，在斑竹园社团的集体智慧下，王老师的班级确立了特色的班级文化建设，增添了"团结、进取、勤学、善思"的八字班训；指明了班级的长期奋斗目标；设立了知识百窗，把学生自己收集的百科知识展示出来，把有限的知识结构丰富化；光荣榜的设立，更是把学生的一技之长充分展示出来，让学生发现自己的闪光点，积极发挥自己的特长，从而建立多角度培养学生成材的初步模式。通过这些项目的设立，使原本死气沉沉的教室变得色彩艳丽纷繁，学生生活在一个快乐舒适的环境中，不但有美感的享受，而且得到了文化的熏陶。

2. 三味读书社团，启智、明理

在当今信息量激增的社会里，读书已经成了一种奢侈的行为，为了让教师能够在书的海洋里启智、明理，给学生以更加准确的引导和启迪，学校开展了以读书为内容的大量的经典诵读活动，让名著陪伴老师成长，丰富我校教师的精神生活，提高审美情趣和人文底蕴。同时形成内涵丰富、特色鲜明的"诵读经典"的读书氛围。

三味读书社团活动，丰富了教师的精神世界，通过阅读，达到思想的进步，然后促成三方面的和谐，即与周围环境的和谐、与周围人的和谐以及自身的和谐，最终达到启智、明理的目的。

3. 魅力教研社团，把握好自己的主阵地

课堂是教学的主阵地，每一节课都是教学的主旋律。我校根据学校科研处工作安排和要求，以追求"有效备课""有效上课"为目标，重视备课、上课、听课、评课等基础性工作，加强教学常规，提高课堂教学有效性。为了实现轻负担、高效率的课堂教学，开学初就要求每一位学科教师要严格备好每一堂课，组内进行同课交流，集体听课，集体评议。每节课不许"放羊"，课堂作业要布置得情趣化、生活化。

4. 基本功社团，个人素质得以提升

学校非常重视教师的基本功，而"写好字"是每一位教师必须掌握的一项基本技能。毛笔字、钢笔字、粉笔字样样不漏，从专业角度认真剖析每一种书法的写法，不但让教师知道了如何写好字，也让他们在语文课堂上知道了如何指导学生写好字。

5. 心地芳香社团，净化我们的心灵

教师的心理压力已经成了社会问题，如何排解压力也是教师尤为重视的一方面。学校的心地芳香社团就为教师提供了这样一个平台，教师学会很多调节心理压力的方法，让他们每天能够充满正能量，积极地投入繁忙充实的工作中。

在本年度的校本培训中，对教师的专业精神、专业态度、专业知识和能力等关系到教师专业发展的方方面面给予了全方位关注，如教师的敬业精神、负责任的态度和成长目标等。普通教师与专家的比较表明，教师的知识不仅有量与质的问题，而更重要的是结构问题——教师所需要的本体性知识、条件性知识、经验性知识和背景性知识，都是在具体的教育实践中整合，而专家致力于某方面的研究，见多识广，经验丰富，可以给教师提供迅速有效的帮助。

二、校本培训，综合提升

通常某一类专门的教师培训对教师进行培训时，把教师当成了学生，从基本的教育理论到各科的教学内容、方法等进行系统的培训，也就是全面的培训，这样的培训有它的优点，但针对性不够，因为每一位教师都有他的优点、长处，也有自己的短处，而校本培训就扬长避短，很好地解决了这类问题。教师长期在学校任教，教师对于每个人的长处、短处彼此都十分了解。比如，年轻教师课堂经验不足，不能很好地把握上课的进度、学生学习积极性不能很好地调动等，经验丰富的中老年教师就可针对这些常规问题对青年教师进行有的放矢的指导，这些指导可以在课堂中，也可以在课堂外、办公室里。所以，这样的培训模式针对性强，在某些方面可以起到立竿见影的效果。

学习是教师的终身必修课，在信息化时代，只有不断学习，才能适应时代发展的需要而不致于落伍，教师尤其应该如此。校本培训与时俱进，从这些方面入手，重在指导教师学会学习，提高教师的实际动手能力。

校本培训中五彩缤纷的社团活动，丰富了我校教师的业余生活，也提供了展示自我能力与发挥创造力的舞台。不但能开阔眼界，增加人生阅历，还能提高教师的综合素质。适度的社团活动还是教师生活的"调味剂"与"润滑剂"。不但可以起到放松心情、舒缓压力的作用，而且能够在校本活动中提高教师的沟通能力、组织能力、表达能力、处事能力等。

总之，教师的培训工作是一项全局性、战略性的系统和工程，是保证教师永远蓬勃向上、不断进取的最佳方式。本学期通过学科培训活动的开展，努力做到让教师在培训中不断体验到成长的快乐，不断开发潜力，超越自我，真正做到创新、务实和与时俱进，力争使学校拥有一支学科能力强、结构合理、综合素质高的教师师资队伍，确保学校和谐发展，让每个学生自信快乐地成长。

精彩在成长中

本学期，我校语文教师团队以校本培训为重点，以提高培训质量为目标，有计划、有组织、有步骤地开展了一系列培训工作，多角度、多层次地提升了我校教师的教学素养。

一、校本培训多面提升

我校开展的校本培训，不仅内容丰富，而且针对课堂教学、班级管理及个人基本功、素养提升的需要，进行了多角度的培训。

多种形式的培训活动，调动了教师的自主学习、自我反思、自主探究的积极性和创造性。课程的最新信息和最新动态贯穿培训全过程，参与式、交互式、探究式、交流式等各种互动培训方式，使教师始终站在了教育的最前沿，习惯培养讲座、如何开展学科实践学习、学科教学指导、信息技术培训都使我校教师获得了最新的教学理念，掌握了最新的媒体工具；而其他总结性培训、安全培训、特色培训等，不仅给了教师励志前行的力量与勇气，更拓展了视野与心胸，使我校教师形成了新的人才观、质量观、教师观、学生观、课程观等，同时促进了教育理论水平和科研水平的提高，为改变教育教学行为打下了扎实的基础。

这种"草根"式的培训，温暖亲切，教师在近距离切磋中汲取力量，抱团前行，共同发展。

二、同伴互助均衡发展

"三人行，必有我师焉。"本学期，我校李凌之老师、刘杰老师和于晓燕老师组成互助同伴，在学科教学中，他们互相沟通，知无不言，言无不尽，在新授课程、主题活动及学科小课题等方面展开了交流和研讨，力争同步发展，做到教育均衡，保障学生受到最优质的教育。本学期，我校教师通过研讨，成功地进行了家长开放日的授课、教研中心达标课及平日的授课，成功地组织了讲故事大赛、金歌展示赛等活动，使学生感受到了学科课程的无限精彩。

教师还以学科课题研究为载体，提高课程研究能力。在课题实验中，做到人人参与，全体合作，以课程与教学的科研项目带动改革探索；科研驱动的

"研训一体"型学习，紧密结合日常课程对教学的"个案"开展研究，进行专题总结，教师实现了课题研究能力及自我的提升。

三、积极参与各级培训

学校非常重视对学科教师的栽培。本学期，学校组织教师参加了各种学科培训，参加了区级、市级学科优质课培训，参加了写字优质课培训，还参加了国家级特级教师到我市进行的授课讲座活动。这些活动，汇集了最优质的资源，使教师回味无穷、受益匪浅。我校王凌之老师参加了暑假的网上学科培训，王老师感受最深的就是如何把学科课上出学科的特质，如何与博大精深的文化相结合；几节典型的课例，让王老师体会到了如何上好活动类型的学科课；专家还指导了如何听评课，都给王老师带来很大的启发。王凌之老师觉得区、市级的优质课更是精彩纷呈，通过培训，王老师在学习中不断进步，不断实现自我提升。

北京两位专家的课更是极大震撼了我校教师，不仅能够拓展教师的教学思路，更是一种人格教育，专家身上的认真严谨和在教学中不断实现自我突破、勇于创新的精神深深感染了教师，让我校教师懂得了优秀的背后更是一种努力、一种钻研！

你若盛开　蝴蝶自来

每一个人都生活在社会这个大的环境下，都有他独特的意义，在工作中也是如此。融入大环境，提升自己，让自己不断成长，才能更好地融入社会。教师这个职业，虽然每天都在做着看似相同的事情，其实，细细想来，每一件事情背后都有着不同程度和意义上的收获。每学期的教师校本培训、师徒结对成长模式和外出学习培训等，都在不同方面促进着教师自身的成长。

作为一名教师要懂得"反思"的重要性，没有"反思"，哪来的进步；没有"反思"，哪来的总结；没有"反思"，哪来的成长！

一、校本培训——全面提升　润泽自己

本学期，我校安排的校本培训方方面面，内容丰富，贴近特色教学和自信课堂的研究。每一次的校本培训就像一碗心灵鸡汤，充实了教师的心灵。我校孔德然老师参加校本培训后，留给她印象最深刻的是《运用积极心理学构建自信学科课堂的一点建议》。孔老师认为，我们现在的课堂不断在追求高效，不断在培养孩子的自信，但在方法上却缺少一定的经验，所以教师要利用积极心理学，夯实孩子的自信。这其实是一个很好的指点，在以后的课堂中，教师可以尝试用一些小的方法改变孩子。例如，教师用微笑的表情和轻松的姿态走进课堂，和学生分享生活中积极的行为和体验，关注学生做得好的地方，用包容的心态看待违纪的学生。如果有特别调皮的学生不服约束，教师可以换个角度想问题：他可能是太有个性了，或许因为不受条条框框的束缚，可能他特别有创新思维。看到学生上课睡觉，教师可以这样想：也许他昨晚学习得太晚，作业太多，他很累，就让他小憩一会儿也无妨。

除此之外，教师在课堂上还应该注意运用积极语言。使用积极语言的要点就在于直接告诉学生怎么做，关注学生好的方面，就好的方面进行事实描述，绝口不提负面的行为是怎么样的，因为只要大部分学生知道什么是对的就行了。如果出现了有的学生影响课堂秩序的情况，教师可以告诉学生：我看到你在做什么了，请注意一下。这样，学生会明白他做错了，知道自己要怎么做才符合心理课堂"尊重、真诚、倾听、积极、参与"的十字规则。

换一种想法去对待孩子，换一种思维去思考问题，教学中也不乏可爱之处。

本学期的培训不管是针对课堂、教师基本功，还是教师外出培训报告、信息技术的使用等，每一次培训都包含了不同方面的内容，我校教师都会从中学到很多东西，因为涉及的范围较广，也促使教师能力的全面提升。教师的言行举止对学生的思想、行为和品质具有潜移默化的影响。教师的一言一行、一举一动，学生都喜欢模仿，这将会给学生的一生带来影响，因此，教师一定要时时处处为学生做榜样，凡是教师要求学生做到的，教师自己首先要做到；凡是要求学生不能做的，教师自己坚决不做。教师只有严于律己，以身作则，才能让学生心服口服，学生才会把教师当成良师益友。

二、师徒结对——师徒联手　结出硕果

今年，我校孔德然老师再一次接手一年级，因为有了去年的经验，所以她有幸和璐璐老师结成了师徒关系，因为年龄相近，所以在工作中，她们相互交流、相互关注、相互探讨，促使双方在各自的工作中共同进步。不管在学科教学方面还是在班级管理方面，教师都要严格要求自己。本学期，我校璐璐老师经常听孔老师的学科课，孔老师每次讲完一节课，璐璐老师的听课本上都会有密密麻麻的笔记，孔老师从心底里佩服璐璐老师。我校璐璐老师就是这样，她有着谦虚的学习态度和不断提升自己的动力，很令人敬佩。在师徒结对中，孔德然老师和璐璐老师分工明确。在教学方面，她们不断探讨哪些地方是重点、哪些地方是难点。

在师徒结对的过程中，双方教师都能学到很多。对于骨干教师，不论是在严格要求自己的方面上，还是在引领徒弟成长的方面，都有了很深刻的认识。师徒结对最成功的的地方，不是徒弟有了多少进步，也不是师徒展示了多少，而是二人相互契合，相互支撑，相互容纳，只有彼此从不同方面得到成长，才是最好的！

三、外出学习——绿了荒野　晴了雨天

对教师来说，每一次的外出培训都是一次宝贵的学习机会。在培训中，我校孔德然老师总是喜欢从不同角度观察和反思每一节课的备课、磨课和授课的过程，然后联想到工作中的课堂，选择适合自己的方式，进行不断学习。

　　孔老师本学期外出听了一节很有意思的学科课，她自己很有感触。她在教四年级的《民主生活》时，一开始学生并不懂得怎样去观察、观察哪些细节。这时候，孔德然老师利用展台引导孩子们去观察。孔老师拿来一张薄薄的纸，让学生说一说自己观察到的纸的样子，然后她提出问题："能不能让这张纸跳起舞来？"孩子们很诧异也很感兴趣，纷纷发表自己的看法，课堂氛围瞬间活跃了起来。于是，孔老师拿来一个装满热水的容器，她把这张纸放在容器口上，这张纸在热水的熏蒸下，开始慢慢舞动，趁孩子们观察得正起劲，她又引导孩子："用上你知道的词语说一说你观察到的纸发生了什么变化？"孩子们你一言我一语地说起来。可见，合理利用信息技术进行习作教学，更能激发学生的习作灵感，从而能够轻松地进行学科课堂中的细节教育。

　　特别喜欢这句话"你若盛开，蝴蝶自来"。是呀！教师从不同方面提升自己，抓住每一次培训的机会，吸取精华，内化为自己的东西，形成自己独特的教学风格，让自己的课堂绽放特有的光彩；让自己不断地破茧成蝶，去寻找盛开得最美丽的花！

第四节　一专多能　凝练特质

一专多能型教师培养工程是现实背景下进一步优化师资队伍结构的一项重要举措。要搞好一专多能型教师培养工作，首先必须对一专多能型教师的概念有消晰的理解。一专多能型教师是指以教师本专业的科学系统的职前教育和职后继续教育为基础，以教师个人兴趣、爱好、特长及发展潜能为拓展点，经过教育行政及其师训部门有计划的、系统性的培养培训而最终能够胜任多个学科教学岗位并具备相应任教资格的多面手教师。"一专"，是指教师在师范院校获得相应文凭的主专业；"多能"，是指教师能够胜任主专业之外的其他学科教学。培养一专多能型教师，既是为了应对当前义务教育阶段学校教学管理中存在的一些问题，也是为了促进师资队伍的结构完善，以提升学校人力资源的整体优势。

一专多能型教师培养是师资培养培训的一项创新性项目，以培养"师德过硬，文理兼通，全面发展"的复合型教师为出发点，培训过程与目标应充分体现教师的专业标准，以相应学科的课程标准、专业知识、教学方法策略及教学评价为主要内容，坚持理论与技能并重，培训过程与过关考核从严要求的原则，以体现师资培养的科学性和实用性。目标是使义务教育阶段教师具备"I + X"教学专业水平与工作能力，进一步改善义务教育阶段教师队伍目前存在的学科结构不合理，教师专业水平边缘化，小规模学校课程开设难，新增教师全面素养欠缺等问题，着力推进教师转型发展，实现队伍结构优化，着力提升师资整体水平。

一、提升专业，扎实基本功

教师专业素养的高低决定着教育质量的高低。在教育教学中，教师专业素养并不是一蹴而就的，它是一个不断发展、不断创新、不断提升的内化过程，是一个与时俱进的动态过程，是教师个体和群体共同追求、奋斗的前进历程。

1. 寻找"基点"，打造好"教"师

教学之初，教师要找到自己教学的优势，找寻自己的教学风格，并在教学实践中形成自己教学的雏形。刚刚踏上工作岗位（或调整学科）的教师由于缺乏教学实践与经验，模仿较多，创造较少，对课堂教学的规律性、学生的学习特点还处于了解阶段和认识阶段。对这样的教师来说，模仿是必要的，并且应在模仿、借鉴他人经验的同时，结合自己的实际认真思考，消化、吸收适合自己特点的有益的"内核"，努力发现和总结自己在教学中的实践经验和教训。以充实自己在课堂上的"自立"因素，形成自己教学的雏形。

2. 丰富"内涵"，培育好"导"师

教师将自己的教学特色进行深挖、发展。更重要的是提高自己的专业素养，丰富自己的内涵，使自己具有较高的教学水平和科学素养。随着教师的积极努力和教学工作经验的积累，在课堂教学工作中开始摆脱模仿的束缚，逐步进入探索阶段，教师开始有意识地研究课堂教学艺术的形式与效果，教学个性特征开始外露。

第一，教学个性的培养要根据自己的个性特点，教学中注重发挥自己个性中的优势。有的教师感情丰富，善于表达，想象力丰富，性格外向等，那么这个教师就要注意在教学中发挥自己个性的这些优势，向"情感型"或"表演型"教学个性方面发展。有的教师性格深沉，理性思维占优势，善于质疑和推理等，那他就应该向"理智型"或"科学型"教学个性方向发展。如果违背自己的个性特点，那就很难形成自己的教学个性。

第二，要有改革与创新精神，敢于突破传统的教学现、教学方式。有很多教师从教几十年却没有形成自己的教学特色，其重要原因就是缺乏改革和创新精神，从而使自己的教学一直处于停滞不前阶段，很难上一个新的台阶。而有的教师勤于学习新的教育教学理论，善于对传统教学进行分析，并时刻思考和组织自己的教学改革思路和方案，逐步形成自己的教学风格。

第三，要大胆进行教育、教学改革实验，落实到行动中。教师还要把自己的教改方案和思路付诸实施，只有在不断探索和实验的过程中，教师才能检验自己的教学风格和教学方法的有效性，也才能使自己的教学较快地进入成型阶段，并使自己的教学风格更鲜明地表现出来。

3. 打造"特色"，养成好"研"师

经过一段时间的积淀，教师从中积累比较优秀的教学方法，重点打造提升，推广宣传，形成自己鲜明的教学特色。突出表现在教师改革与综合运用教学方法、探索和研究课堂教学的最优化方法及追求课堂教学的最高效教学效果，力求使每一个学生得到最好的发展；在课堂教学实践中不断地创新与开拓，使教学艺术发挥明显的效应。

随着教育整体水平的不断提高，特别是随着新课程改革的不断深化，对教师综合素质和教育教学能力的要求越来越高，只有提升教师的专业素养，促进教师的专业成长，才能适应新课程改革的需要，才能提高教育教学质量。

4. 职业"规划"，走出好"名"师

指导教师做好职业规化，形成教师职业与事业规划的高度统一，首先教师要强化专业素养自主提升与发展的意识，在实践中提升专业生命价值。教师的生命是从教师职业开始的，教师在自己的职业中和工作要求中寻找生活的满足。因此教师必须把自己的所作所为、自己的发展和进修同自己的职业紧密地联系起来。教师要有专业自主发展的勇气和意识，积极投身于教育教学改革，在实践中努力使自己成为教学理念的开发者、教学反思的研究者，而不能把自己的专业发展命运完全寄托在外部环境改善方面，否则自己仍将沦为教育研究之外的被动旁观者、机械执行者和盲目模仿者。此外，要建立适合教师专业发展的平台，激励教师自身专业发展的内在需求，逐步形成以优秀教师和骨干教师为核心的教师梯队。良好的事业平台与和谐的工作环境是留住人才并使之快速成长的重要条件。

二、自主开发，多元打造

为助推自信目标的落实，学校领导班子围绕"教师的自信来源于哪里？"这一问题，积极研讨，畅所欲言，最终攫取到了自信教师的源头活水。从中我校提炼出自信教师的四个主打方向：读书生活厚底蕴、专业智慧促成长、心理健康暖心灵、多彩生活乐开心，并以"自主""多元""立体"为培养基调，最终成立了望小"银杏树下做更好的我"教师成长工作室。其下设七个培训社团，分别涵盖了教师的教研、教学、心理疏导、读书、基本功及文体活动等方面的内容。全方位、多角度的培训活动，激发了教师成长的源动力，使教师们在培训中积极展现风采，在工作中学会赏识同事、悦纳自己。

1. 三自主，激发成长源动力

教师的需求是学校教师成长工作室的出发点和归宿点。基于此，我校将培训的内容放在"以教师发展为主体、以个体需求为状态、以自主选择为方式"这一基点上，力争实现自主、自尊、自立、自强的"四自"教师。

一自主：自主决定培训主题

学校的"银杏树下做更好的我"教师成长工作室，对全校教师进行培训需求调查，各个教研组组长对教师心中的培训方向进行汇总，再结合学校对教师的成长需求，形成学期的培训主题。教师们提供的培训需求涵盖了教师成长的教学基本功、电教手段运用能力、授课能力、教研能力、心理调适、班级管理能力等方面的内容。由于采取自下而上的培训需求征集的方法，最终确定的培训主题都是教师们发自内心需求的，因而培训主题的产生得到了教师们一致的赞同。同时，教师们在反思自己工作中的不足或待成长的这一过程中，也跨越了自己思维的沟壑。反思是促进教师进步的源泉。

二自主：自主成为社团培训主持人

教师们根据自己的特长或者优势，申报社团主持人和培训主题。学校进行汇总，根据教师们的培训需求，最终确定培训的主题和主持人。从而完成每学期每个社团的主持人选的组成和培训主题的确定工作。另外，教师们在不断审视自己的过程中完成了对自己优点和特长的悦纳，肯定自己的优势让教师们在申报中找到了自己的一份自信。

三自主：自主提高，我学他人，他人学我

教师们对自己通过申请得来的培训任务非常重视。虽然申请培训的主题对申报教师来说，都是强项，都是优势。但是每一位教师都深知作为一名培训的主持人身兼的重任。为了让其他教师能够听有所获，我校每一位主持人教师在培训之前，都会广泛地投入再学习中，培训稿都是经过反复修改校正的，并请有关领导和伙伴们提意见，教师的课件更是个性与技能并存。我们的每一次培训不仅能够给听者带来巨大的收获，对主持人教师来说更提供了一个自我展示、纵向研究的平台。

"自助式"社团培训，让教师的参与热情高涨起来，每一位走进望小的教师，都会被校园内那"我学他人，他人学我，人人都学"的积极学习风气所带动，"自主"让社团真正成为教师自己做主的地盘。

2. 展风采，品茗盛宴润心田

在自信教师的铸就过程中，我校以多元化培训为核心，以年轻教师培养为重点，着眼于教师综合素质的提高，不断开发本土化草根讲坛，把发展教师素质真正落到实处，让教师在发展提升中前行，让自信、幸福充盈在教师工作的每一天。

风采一：培训扬起幸福人生之帆

为了缓解教师的压力，释放教师的心情，学校开设了七彩生活社团和心地芳香社团。通过多种形式的文体活动让教师在忙碌的同时享受到活动带来的快乐；通过有梯次的心理健康讲座，让教师从心灵深处接纳现实，在现实之中寻找幸福的源泉。分小组踢毽子比赛、教师趣味篮球赛，"做自信的向阳花"青年教师演讲比赛和"唱响未来　唱出自信"教师卡拉 OK 联谊会等活动，让每位教师在活动中感受运动和交流的乐趣，并通过活动驱赶了工作上的烦恼，更重要的是增进了教师的凝聚力，使教师们欣然地接受工作并创造性地寻找幸福，更使我们的校园荡漾着一种正能量的幸福。

风采二：培训点亮精品课堂之韵

课堂是教师教育教学的主阵地，抓好课堂教学，提高教学质量，是学校教育工作的生命线。我校的魅力教研社团和靓点课堂社团以课堂教学为基点，将各学科教师凝聚在一起围绕课堂教学进行实实在在的研究，为打造"自信课堂"之"自信之师"添彩助力。靓点课堂社团成员主要采取听评课的方式进行，结合教研组的"一备二上三研"的集体备课模式，教师课前研究、课后商讨，分析寻找课堂中的成功与得失，反思教学行为与先进教学理念间的差距，同研共讨齐思的方式不仅帮助教师有效解决自信课堂中存在的问题，更拓宽了教师思维的空间，激励教师更积极主动地追求发展。同时在各教研组长的带领下各学科出台一系列教师课堂自信用语手册、课堂常规准则、课前自信歌等，让我们的课堂源也自信，育也自信。

风采三：培训助力教师底蕴之魂

朱永新教授说："一个人的阅读史就是他的精神发育史，教师应该走一辈子精神发育的路。对一个教师来说，读书就是练内功，这个功不是靠给的，是靠自己修炼出来的。"朱教授一番话道出了读书的重要性。在茫茫的书海中，我们如何能够一击即中那些精彩的内容呢？我校的三味读书社团采取好书推荐会的方式，成员们通过读书体会交流、读书征文等形式将自己读过的好书推荐给大家。《做不完美的教师》《给班主任的101条建议》《曾国藩的家书》《遇见未知的自己》《美丽的教育》等书籍引领着教师不仅能享受到书的甘霖之美，浸润其中，更能激发教师对阅读的兴趣和热爱。丰富多彩的读书活动，不仅提高了教师的文化素养，更让教师体会到师者的魅力不仅仅是内在品格的修养，更应是腹有诗书气自华的底蕴。

在自信教育的理念下，望小且训且行，我们深知做自信教师的路途尚且遥远，但是我们望小教师正撑着社团培训之蒿，向着青草更青处漫溯。我们一路汲取，一路付出，一路收获，一路成长。我们坚信只要心存梦想，并且脚踏实地地研究、实践、反思、总结、提高，就一定会让自信之花常开不败，自信之果沁满校园。

第五节 自信教师 幸福育人

自信的人是美丽的，自信的人是幸福的。教师应该是自信的使者，只有自信的教师才能教出自信的学生；教师应该是幸福的使者，只有幸福的教师才能教出幸福的学生。教师教学自信心的高低对教师提高教学水平有着显著的影响。教师教学自信心越强，越会产生较高的专业自信，并投入热情和精力于教学工作中，充分发挥自己潜力。只有充满自信的教师，才可能最大化地发挥出自己的优势，最大化地展示个人的才华和魅力。

"爱"出自信

我国教育家夏丏尊说："教育之不能没有爱，犹如池塘之不能没有水。没有爱就没有教育。"① 热爱学生是做好教育工作的起点和基础，是转化后进生的一切技巧与方法，离开这一起点和基础就会变得苍白无力。

教师要以博爱之心平等地对待每一位学生，绝不能以智商高低、成绩好坏定优劣。成绩较差的学生，更应宽容，以诚相待，善于发现学生身上的"亮色"，哪怕是微不足道的，也要及时给予表扬和鼓励，让他们觉得付出一份汗水，便会有一份收获，使其尝到成功的快乐，从而由厌学转为爱学、乐学、会学。我校周静老师常常提醒学生：不要让学习成为你背上的一座山，而要让它成为你生活的一剂调料。教师都应该有这样一个信念：我是最棒的，我的学生是最优秀的。

对学生要爱中有严，严中有爱。爱不仅仅是无微不至的呵护，更不是随心所遇的娇惯、是非不分的放纵。严格要求学生是爱的特殊表现，是教师责任感的体现，也是提高教育质量的必要手段。教师在教育过程中，不能过分溺爱优生，对优生的过错视而不见，听之任之，而对犯点小错的后进生则严而又严。这样就会使优生弱化自控能力，品德滑坡，而后进生则因为教师处理问题的不

---

① 夏丏尊：《爱的教育》，北京少年儿童出版社，2009年。

公平而产生反感、对抗情绪，从而对学习及各种活动失去信心。所以，教师要牢记"严师出高徒"的古训，对学生严爱相加。给学生以微笑，给学生以师爱。

试想一下，假如让我们去听一位冷面孔的教师讲一节课，感觉会怎样呢？答案可想而知了。微笑的同时，别忘了给学生以师爱。因为师爱是打开学生心灵大门的金钥匙，没有爱，便不可赢得学生的心。事实证明，一个被教师所喜爱的学生，常常会充满信心，朝气蓬勃，积极向上。对于孤儿、单亲学生，以及在生活上有困难的学生，教师应该把特别的爱给这些特别的学生。要从生活、学习等方面给予更多的关心、爱护和帮助，要细致入微地观察他们的情绪变化，并在一定的时间和场合给他们多一些宽容和理解，允许他们在特定的情况下有一些"自由行动"，甚至可以在某些方面暂时降低一些要求。

一切最好的教育方法，一切最好的教育艺术，都产生于教师对学生无比热爱的炽热心灵中。教师的爱不是对学生的溺爱，而是要严慈相济，通过对学生的爱与严，让学生来尊敬你，让家长信任你。每一位教师大都为人父母，也为人师长，必须把握好尺度，以慈爱之心、公正之心、炽热之心去欣赏学生、包容学生、关爱学生。

总之，教育也是一门艺术。只有不断提高教师的自身修养，对学生付出真爱，才能充分体现教师高尚的道德、完美的人格和高度的责任心，才能赢得学生的信任和尊敬。在漫长的教育生涯中，教师要用一颗火热的心去热爱每一位学生，才能为祖国的明天培养更多的新一代德才兼备的合格人才，我们的民族也才能屹立于世界民族之林！

不管漫长的路上荆棘丛生或是布满沼泽，教师都应一如既往，绝不退缩。古代大教育家孔子呕心沥血，以教为重的精神教育着我们；现代伟大教育家陶行知先生从教几十年，始终安于"粉笔生涯"的献身精神、鞠躬尽瘁的高尚情怀。

教师，因自信而美丽

美丽者，自有美丽的理由。教师的美丽，可以有多种来源，例如，姣好的外表、得体的穿着、广博的知识、娴熟的技能、交往的兴趣、认真的态度、严谨的作风、无私的爱心、奉献的精神、高尚的人格等。若是再细化点，还有诸如善解人意、宽容大度、值得信任、温和干净等。我校丛美丽老师认为归并到一点就是专业自信。

专业自信的教师让自己和学生一起享受课程，享受课堂。教师作为课堂教学中的主导人物，自身必须具备强烈的自信。教师有了自信，才可以在讲台上神采飞扬、挥洒自如，才可以与学生一起畅所欲言、深入浅出，才可以在众多的听课者面前镇定自若、从容大方。因为只有自信，才能使一个人的潜能、才华发挥到极致；也只有自信，才能使人得到来自别人的期待与信赖。可在实际的工作中，往往就有这样一些教师，他们对自己现有的工作能力非常怀疑，从不敢上公开课或示范课，更不用说积极参与什么教育教学类的比赛了，各类检查到来时，也是胆战心惊、六神无主，结果不言而喻。其实，这类教师缺乏的往往不是能力，而是自信。自信是人类心理活动中最基本的内在品质之一，也是人格结构中的本质因素，代表着一种优秀的心理品质和积极的人生态度。积极的人生态度意味着一种自己对自己的认可、肯定、接受和支持的态度，也包含着自己对自己的情绪、感觉、认识和评价。

教师的自信能够强烈地吸引学生、感染学生。反之，学生的自信也会给教师一些有力的回应：他们个性化的语言、独特的见解、有创意的答案，都会为课堂生成一份美丽的资源。可司空见惯的课堂，往往是教师口若悬河地讲，学生聚精会神地听；教师穷追不舍地问，学生绞尽脑汁地想。整个过程，波澜不惊，按部就班，既铸就了教师的威严，也造就了学生的拘谨，时间长了，学生便成了接受知识的容器。为什么会这样呢？学生的自信、创意都到哪儿去了？教师该如何帮助学生树立发自内心的自信呢？可以从以下三方面入手。

一、解放思想，尊重学生

传统的教育观念中，教师是学问的化身，是道德的化身，享有至高无上的权威。而学生，则扮演着无知的、被动接受者的角色，对教师唯命是从。师生之间讲究师道尊严，鼓励有距离感，在课堂中，学生的自信无从谈起。现在，我们提倡树立学生的自信心，最为关键的一点，就是教师要解放思想、转变观念，从心底里尊重学生，把学生当作一个独立的、有个性的、交往中的人来对待。教师应该努力理解学生的世界，学生的世界和成人的世界是不一样的，学生的世界有独特的色彩、旋律和内涵。教师要和他们一起分享喜怒哀乐，要和他们共同成长，成为他们的一分子。

在课堂中，教师应当学会倾听各种不同的声音，学会用一颗年轻的、包容的心去和学生们交流、沟通，赢得学生的信赖与期待。要允许学生在不断的跌倒、爬起中自信、茁壮地成长！

二、开展活动，展现特长

在每一个人的心灵深处都有一个渴望，那就是渴望表现自己，渴望得到别人的赞赏、喝彩。而每一个学生都是独一无二、与众不同的，每个人的身上都有着别人无法具有的优点或长处。作为教师，就应该模仿"三棱镜"，给每个学生提供施展才华的机会，让学生在体验成功的同时提升自信。比如，有的学生喜欢唱歌，我们就让他担任音乐课代表，推荐他参加各类歌唱比赛；有的学生喜欢画画，我们就让他用七彩画笔尽情勾勒自己的美丽人生；有的学生擅长朗诵，我们可以经常让他在课堂上范读课文；有的学生擅长运动，我们可以让他在绿茵场上叱咤风云……世界上，每一个人的存在都有他存在的理由，哪怕他的身体有着严重的残疾，哪怕他的心里有着浓重的阴影，他也有他存在的价值。例如美国著名的作家——海伦·凯勒，因为一场疾病，她从小就又聋、又哑、又盲，但她的老师——安妮·沙利文却无悔地选择了她，在她身上倾注了自己所有的爱和智慧，成就了海伦·凯勒美丽而伟大的一生！

三、注重鼓励，播种信心

自信是一个人不断进步的动力，培养一个人，就是培养他的自信；摧毁一个人，也就是摧毁他的自信。有一句批评不正之风的话说得很精辟：说你行，你就行，不行也行；说不行，就不行，行也不行。这句话用在教育上也很发人深省。说你行了，不行的人慢慢地也就行了，很多人就是在父母、教师和领导的鼓励下不断奋发努力，最后获得成功的；说你不行，不给你展示才能以及成长锻炼的机会，自己也不努力去克服困难，去锻炼与实践，慢慢你的才能就会萎缩、退化，行也不行了。对每一个学生来说，教师的表扬和鼓励都是非常重要的。有时候，哪怕仅仅是一个温柔的眼神、一句关切的话语、一次亲切的爱抚，都会激起他们非常强烈的情感，扬起他们希望的风帆。鼓励学生，会给学生的心里种上自信的种子，沐浴阳光雨露，这粒种子总有一天会发芽生根，在学生的心灵世界里长成郁郁葱葱的参天大树，为其遮挡人生中的诸多风雨！如果你一直在鼓励，请你一定坚持下去；如果你还没有开始鼓励，请你务必从现在起学会鼓励。学会鼓励吧，其实并不难，换一种观念，怀一颗爱心，足已！

　　自信，是走向成功的伴侣，是战胜困难的利剑，是通向理想彼岸的舟楫，有了它，就迈出了成功的第一步。精彩的课堂、美丽的教育，是每一个教师所梦寐以求的理想彼岸，那么，请每一个追梦的人携起手来，从自我做起，从学生做起，从现在做起，打造一艘充满自信的诺亚方舟。让我们乘风破浪，昂首前行，直达美丽的理想彼岸，用实践来证明精彩源于自信！

勤学扎练，做自信师者

自信是向成功迈出的第一步。我校宋璐老师在成长的路上，不断充实自己，完善自我，增强自信心。青年教师要多看书、多工作，积累教学经验，要全身心地投入，做一个有知识、有智慧、自信满满的一流教师，为学生的终身发展打好基础。

教育，是人的灵魂的教育。教育的根本任务是关注人的精神世界，教育的根本法则应该是像云朵推动云朵一样，靠人的精神力量去影响他人的心灵，促进他人精神力量的健康成长。最好的教育是不着痕迹的教育，最好的爱是不着痕迹的爱。教育之美在于其没有了教育的痕迹，在于其留给人们的自然流畅之感，即在师生的人格感染中、心灵碰撞中、理解倾听中、真诚激励中润物无声地完成了教育的使命。最好的教育，是培养学生自信的教育。对学生多一点爱，给学生多一些鼓励。教师心中的阳光就是一颗热爱学生的心，有了爱心，面对学生才会多赞扬、多激励、少训斥、不讥笑。用爱心努力使学生处在自由、民主、开放、快乐的氛围之中，使学生尊重教师，热爱学习，教育教学质量自然就能提高。从某种意义上说，教师具有自信、乐观、坚强的心理素质有时比健康的身体素质更能影响学生的成长。试想，一名自卑、怯懦的教师又怎能培育出自信、坚强的学生呢？因此，作为教师，首先必须是一个自信、乐观、坚强的人。

教师不用总是急着否定学生，放轻松，要明白，最终目标只是和学生一起过快乐的日子。学生没按教师想象的做，并不一定就是错。要让他做他自己，让他按照他的本性成长，而不是做教师希望的那个人，无论对学生，还是对教师自己，都是件好事。应该平等地对待世界，教师用自己的善良、宽容真正地尊重学生的人格，尊重他们的个性，只有这样才能走进学生的内心深处，帮助他们成长并获得真正的幸福。当教师期望每一个学生的成长时，学生就真的发生了变化。不着痕迹的教育听着遥不可及，但是这种润物细无声的教育就在我们的眼前。

在阳光形象的感染下，在爱心的感召下，学生和教师之间的关系渐渐靠近，师生之间逐渐形成了亲和力，配合越来越好。我们可以用自己的真实故事告诉学生做人的道理：勤勤恳恳做事，实实在在做人，不做表面文章，不投机取巧。教师对学生的爱，表现在毫无保留地奉献出自己的精力、热情、才能和知识，使学生更好地受到教育，在知识上、精神上和品德上取得最好的结果。同时更好地了解学生、理解学生、尊重学生，抓住每个学生的特点和志向，精心培育，使之成才。全国闻名的优秀教师斯霞被人们称作教育界伟大的"慈母"，她从教72年，以伟大母亲的慈爱精神培育每一个学生，同学们都亲切地叫她妈妈。如果说学生是春天正待茁壮成长的小草，教师就是春天滋润万物的太阳，教师应该时时给学生如沐春风的感觉，给学生以春天般的温暖，关心爱护每一个学生，为学生驱走心中的阴霾；教师是夏天的太阳，热情似火，给学生火样的热情，点燃学生求知的火种；教师是秋天的太阳，是学生成才的催化剂，让学生体会到收获的快乐；教师是冬天的阳光，融化学生驱心中的坚冰。当教师为一再犯错的学生暴跳如雷时，言辞激烈时，就跨进了地狱的门槛，可如果教师和颜悦色，用阳光照亮学生的心灵，用爱去浇灌学生的心灵，就踏进了天堂。天堂与地狱往往只有一步之遥。

一有自信的教师，应该不断超越自我、积极向上，加强学习、刻苦钻研，不断提高自身素质，向书本学习，向学生学习，向社会学习，向网络学习，取百家之长，补一己之短，做一个学习型教师、科研型教师。知识就像海洋，只有不断努力，才能缩短与彼岸的距离。一名不思进取，故步自封、不爱学习、没有追求的教师是算不上自信教师的。要相信，对于学生，阳光般的爱心浇灌的成效无疑将使斥责和惩罚的方式暗淡无光，苍白无力。要立志做一名乐观、阳光、自信的教师！

师者自信哪里找

师者的自信在哪里？有人说，它在家长满意的笑容中；有人说，它在领导的赞扬中；也有人说，它在同伴的互助中。我校孙菁老师认为，师者最大的自信在于学生，学生快乐成长就是教师最大的自信。如何才能让学生快乐，教师有自信呢？

学生的成长需要教师更多地去关注身边的小事，其实也就是教育过程中的细节。这些小事表现在教师教学中的方方面面，如一日常规、早读、课间操、中午吃饭、课堂教学、放学路队等，都需要教师针对每一项，给学生做出具体、细致、有效的指导。要想让学生做到位，教师就需要付出很多努力，从而让学生形成良好的学习、行为、卫生等方面的好习惯，让学生在教师的具体引导下，体验到好习惯带给自己成长中的快乐，当教师看到学生进步的时候，才能真正感受到付出的收获，体验到教师的自信。

一、师者自信，发现优点

"人非圣贤，孰能无过"，这句话说得好，每个人都会犯一些或小或大的错误，更何况是七八岁的学生。作为师者，要淡化学生的错误，发现学生的闪光点，让学生在错误中成长，在成长中快乐。

孙菁老师班里有一位叫小明的学生，从他身上，孙老师充分感受到了他成长中的快乐以及自己工作中的自信。小明很聪明，但也非常调皮，下课的时候总是跟几个小男孩抱在一起玩摔跤。上课的时候也没有一个好的听课习惯，要么听着听着走神了，在下面玩自己的铅笔、橡皮，要么抢着回答老师的问题，而且他的答案总是那么"与众不同"。比如抄写词语的时候，"常常"这个词语，拼音标得很清楚，两个"常"都要读成二声，但他却要将第二个"常"读成轻声，班里忽然有一个不同的声音，让其他学生都觉得很新奇，一年级学生有个特点，爱模仿特殊的事情，所以，有不少学生也跟着他读轻声，这让孙老师手足无措。和同学之间的相处，也是因为他的调皮、无理而矛盾不断，他总爱从后面抱着别人，然后把人家摁倒在地，一开始同学还能接受，但是次数多了，人家也不依他，就跟他吵起来。

在他身上还发生了很多类似的事情，例如，带着玩具小刀到学校、把同桌的手指抓破，这些不良的学习、行为习惯一直困扰着孙老师，孙老师曾耐下心来和他交谈，也曾大发脾气，狠狠地批评，但是效果都不太明显。

该如何改变这个学生呢？孙菁老师认为一个优秀的教师要善于发现学生的优点，欣赏学生的优点，放大学生的优点，让其对自己充满信心。有一天，他课堂上的一次精彩的回答，让孙菁老师大加表扬，还给他发了两个大拇指，以示奖励。看着他像得到宝贝似的将那两个大拇指放进了笔袋里，孙老师知道了这个方法对他很起作用，从那以后，孙菁老师总会借机表扬他，他的表现也慢慢发生了变化，下课没事就待在座位上看图画书，不再欺负同学，有的时候还能帮助同学讲解题目，可想而知，他很快得到了同学们的认可，同学的喜欢让他高兴极了。最欣慰的是下课了他还会来到孙老师身边，给孙老师捶背，孙老师又不失时机地进行了一番奖励，他比吃了蜜还甜，特别高兴，从此以后，他的发言更加积极了。

看到他的进步，孙菁老师感到了教师的自信所在，这一切都来源于学生的转变，学生的进步。总之，良好的学习、行为、卫生习惯会促进学生成长，学生体验到自己的进步，每天都会快乐地学习。孙老师享受到了学生进步的快乐，体验到了工作的自信。

二、师者自信，宽容待生

作为一名教师，要有一颗"宽容"的心，宽容地对待每一个学生，让学生可以自由地与教师交流。刚刚踏上工作岗位，孙菁每天都处在迷茫之中，不知道该以何种"姿态"来迎接学生们，是"严师"，还是"慈师"？

在焦虑之中，孙菁老师开始了教师生涯，为了维持教师的形象，孙老师对他们严格要求：上课的时候必须坐得笔直；下课之后上完厕所必须在位子上坐着，不能下座位打闹，不能大声说话。这样类似于"士兵"般的日子过去了半年多，学生们很尊敬她，但在这份尊敬中孙菁看到了隔阂，有好几个学生在校园里见到孙老师问声"老师好"之后就匆匆跑开，每当见到别的班的学生跟老师很亲近的时候，孙老师就会很羡慕。

直到开家长会，孙菁才明白，这样的教学方式让不少学生都非常害怕，有一个叫小昕的小姑娘，开朗乐观，下课话也挺多，讲课的时候感觉她也能听懂，但是当提问她的时候，她总是站起来不说话，这让孙老师很生气，家长会这天孙老师特意和她妈妈交流，把学生在校的表现说给家长听，她妈妈告诉孙老师："她说她总是害怕老师！"这时也有好几个家长说学生都害怕孙老师，所以上课不敢回答问题。

孙老师恍然大悟，原来一味的严格并不利于学生的成长，孙老师从小昕开始，对学生有了宽容，逐渐拉近了师生间的距离。有一天，她感冒了，但是忘记带水杯了，没法吃药，孙老师就把自己的杯子借给她，她小心翼翼地说："老师，我感冒了，用老师的杯子会把感冒传染给老师的！"孙老师笑着摸摸她的头说："没事，老师抵抗力强，不怕感冒！"这时她高兴地一蹦一跳地接水喝去了。那天下午，孙老师收到了她画的画：一个老师牵着学生的手在公园玩，孙老师知道这个老师就是自己，心里忽然明白了，学生就是最纯洁、最直接的，你对她好她就能感受到，她也会把自己的感情表达出来。从那天开始，孙老师上课对学生严格要求，而下课则是和他们一起玩，没过多久，学生已经和孙菁成了最好的"朋友"。

身为一名教师，要用教师的真心去感染每一位学生，用教师的宽容去对待每一位学生，用教师的汗水去呵护每一位学生。只要我们用一双善于发现的眼睛去找出学生的闪光点，多多赞扬他们，宽容地对待他们，将自己的爱心源源不断地灌注在他们身上，他们就能健康快乐地成长，我们也会寻找到教师的自信。

品味自信的滋味

自信是什么？自信可以给一朵鲜花、一片绿叶带来芬芳的气息；自信能让一间陋室、一卷书册焕发风采；自信可以带给一杯淡水、一壶清茶回味无穷的滋味……自信其实就在身边，只是需要我们用心去品味、发现。我校教师，每天面对着一群天真烂漫的学生，处理着一堆细小如丝的琐事，教师的自信来源于对职业的热爱，来源于和学生相处的点点滴滴。只要拥有一双善于发现的眼睛，把每一个细小的自信贮存起来，慢慢地就会被自信包围，就会品味出自信的滋味。

一、鲜——大虾虽小情谊深

工作之初，赵羽老师带的是五年级，班中有不少调皮的学生，尤其是小宝。刚接手这个班的时候，就有不少老师说他是个让人头疼的学生。赵羽老师当时年轻气盛、激情澎湃，对自己充满自信，认为不会被这点困难难住。最初，赵老师只知道压制他、管制他，但他根本没有把老师放在眼中，天天有学生告他的状，愁得赵老师饭都吃不下。冥思苦想时，赵老师忽然发现自己总是把他当敌人来对待，总是在想办法战胜他，如果和他成为朋友，用爱去感化他呢？调整了策略，赵羽开始关注他的爱好、特点，努力向他靠拢，用"打赌"的方式帮他改掉不良习惯；用"对手PK"的方式帮他提高学习兴趣；用"个人演唱会"的方式帮他找到自信；用"包袱剪子锤"的方式提高作业的数量和质量……在不知不觉中，赵羽老师和他成了朋友。他的父母是做婚庆服务的，他中午经常会去婚宴上唱歌、表演节目。有一天下午上课前，他神神秘秘地把赵老师拉到一边，从怀中掏出一个红手绢，塞到赵老师手中："老师，我看今天的大虾挺好的，没舍得吃，给你带回来了，你快吃吧，别让其他同学看到了啊！"赵老师轻轻地打开手绢，看到了一只红红的大虾，那一刻，赵老师的眼睛湿润了，感动的感觉蔓延全身。那不仅仅是一只大虾，更是他的一片心，是师生之间的友情，也让赵老师深深地相信，每一个学生都能被期待。那一刻，赵老师深深地品出了自信带来的滋味——鲜，味道独特，营养丰富。

二、甜——一个拥抱美在心

赵羽以前一直教的是五年级的学生，认为和他们很有共同语言，课下和他们的相处就像是好朋友、好姐妹，好几个学生都在课后称呼赵老师为"姐姐"。突然面对低年级时，她感到六神无主，不知该怎么和这些小学生建立感情。一开始赵羽觉得应该树立威严的形象，不苟言笑，但效果甚微，让她有些沮丧，开始怀疑自己。有一天，体育活动课上，有个学生的肚子很不舒服，赵羽老师就把她抱在腿上，用手给她按摩肚子，慢慢地她好点了。赵老师刚要把她放下来，她却不肯下来了，紧紧地抱着赵老师，一个劲地喊："老师，你真好！"这时候，其他的几个小学生，也跟着一齐抱住赵老师。赵老师羞得满脸通红，随后却很欣喜，一个拥抱，满含学生的爱和依赖。于是，合适的场合赵老师会摸摸学生的小脸蛋、拍拍学生的小脑袋、给学生梳头发等、学生也会适时地抱抱赵老师、说说悄悄话……有一次赵羽老师外出听课，两天后回来迎接赵老师的便是一个个往身上扑的"小炮弹"，每个人都问，"老师，你去哪儿了？我想死你了！"那一刻，爱在赵羽与学生之间流淌，她的内心也重新拾起对教育的自信。这时，赵羽老师明白了和低年级学生的相处之道：用心很重要，有爱最关键，表达更需要，爱学生，就要通过各种方式表达出来。从此，自信的笑容经常洋溢在赵羽的脸上，学生也更加努力学校起来。赵老师深深地品出了自信带来的独特滋味——甜，润滑可口，细腻入心。

三、辣——你的"A +"我最爱

三年级下学期，班中转来了一位小男孩，基础很差，尤其是英语，看着他胆怯的目光、忸怩的神态，再瞅瞅他父母期待的眼神，赵羽的心中酸酸的！她暗下决心：要让他快速融入班级，尽快提高成绩，找到自信。赵羽在课堂上时刻关注他，找到一位优秀的同学做他的小老师，帮助他熟悉环境，掌握知识。同时和他的父母达成一致，在家中同步辅导他。渐渐地，他变了，变得自信了，变得开朗了，学习成绩直线上升，在期末检测中他取得了前所未有的成绩"A +"。他的妈妈在电话中激动得语无伦次，不断重复着："谢谢你，赵老师，我们太感谢了，谢谢你……"听着家长这样的话，看着学生灿烂的笑容，还有什么比这更幸福的呢？那一刻，赵羽感到教师的成就感油然而生，原来自信的教师不仅能让自己不断地前行，也能带给学生更多的正能量！那一刻她品出了自信的滋味——辣，如同辣椒一样，初入口时刺激得直通肺腑，随后让人感觉激情澎湃、爽不可言。自信就是有这样的魔力，学生们的进步就是教师奋斗的动力，如同吃辣上瘾一样，辣辣的感觉让人回味无穷。

在和学生相处的日子里，自信所带给我们的神奇无处不在：开学初，学生们大声说的"老师，我想你了"，让我们充满自信；教过的学生回来看我们，看着他们一个个成长、成人、成才，让我们更加自信；逢年过节，收到学生或家长的祝福短信或电话，让我们充满幸福；看到教过的学生考上了理想的学校，让我们充满自信……教师的自信来自学生，来自教师与学生交往的点点滴滴中，幸福无限，只存心间。

做自信的教师，是目标；幸福地做教师，是行动；品到教师自信的滋味，便是成功。只有那些一直往前走的教师才能跟上自信教育的脚步；只有那些勇于付出的教师才能抓住自信；只有那些善于寻找、品悟的教师才能尝到自信带来的幸福滋味。

顺流是"幸"，逆流是"福"

一个人之所以幸福，并不是他得天独厚，只是心里想着幸福，为忘记痛苦而努力，为变得幸福而努力，我校苗婧雯老师认为只有这样才能使人真正幸福。苗老师的教育生涯亦是如此，或许达不到事业辉煌，或许做不到桃李满天下，或许只是平平淡淡地度过每一天，但她能从平凡的日常教学工作中寻找幸福、发现幸福、感受幸福，从而真正地享受幸福。

一、顺流而下——学习中汲取能量，铺垫幸福的基石

作为一名整日与学生相处的班主任，面对千头万绪的工作，要求严苛的家长，压力来自方方面面，苗婧雯老师曾一度游离在崩溃的边缘。幸福是什么？班主任就没有幸福可言吗？读魏书生、任小艾、李镇西的作品，却怎么也读不出忙乱、疲惫，读出的反而是一种轻松、一种幸福。班主任的幸福感到底在哪里？

这时，来自朋友的一通电话将苗婧雯老师拉出几乎深陷的"泥沼"，朋友邀请她一同学习心理方面的专业知识，报考国家二级心理咨询师。苗老师怀着试试看的想法，放下了刚刚一周岁的儿子，天天从城南坐将近两小时的公交车到城北，自己掏腰包去参加了心理咨询师的培训。

那段日子让苗婧雯老师感觉快乐幸福，每每徜徉于大学校园，看着心无旁骛的莘莘学子，仿佛又回到了学生时代。更重要的是，她学会了调整自己的心态，学会了改变自己的人生态度和工作观念。苗老师认为，与人为善、心胸开阔、淡泊名利、志存高远的师者古训依然是今天必须要坚守的精神追求，要看得起自己，把当前的工作当作福地，既来之，则安之。

有了这样的心理调适作为基石，苗婧雯老师渐渐地悦纳自己，学会给予自己积累经验、锻炼成长的机会，不去过高地定位自己，怀着感恩的心去工作，学会坦然接受与耐心处理。苗老师认为，在工作中出现了无法理解而又无法驾驭的事情时，就是需要学习的开始，也是自己成长的机会。此时，她惊喜地发现，工作不再令人烦恼，不再是"泥沼"，而变成了乐趣。苗老师也在快乐中找到了自我，找到了幸福。

二、逆流而上——欣赏中获得能量，平坦幸福的征途

我们要学会欣赏，欣赏美妙的大自然，欣赏同事的成功，欣赏学生的进步……人世间可欣赏的东西真是太多了，学会欣赏，我们便懂得了享受，便拥有了快乐，便走近了幸福。

在学生的手工课上，苗老师负责教丝网花制作。从一开始简单的花朵制作，教到翩翩飞舞的蝴蝶。课堂上，学生专心于手里的蝴蝶，没有说话或东张西望。有一位同学眼光闪躲，引起了苗婧雯老师的注意，只见他前望望后看看，急得是抓耳挠腮，脸儿通红。见大家都忙着，他自己不好意思打扰别人，只能和同桌笨手笨脚地绕圈套布。待到几个手巧的学生交上了作品，他才轻轻地走到人家身边，极其为难地说想让人家帮助他。好在这几个小女孩儿都是乐于助人的，拿过他的工具手把手地教着他。他学得很认真，不眨眼地盯着小师傅的手，生怕错过了什么关键步骤。看了一遍后，他便和同桌两个人继续鼓捣自己的蝴蝶，不时地再去请教小师傅。终于，下课前，他一步三蹭地到苗婧雯老师跟前来怯怯地递上一只蝴蝶。虽然做工粗糙，但是也能看出他真的用了心，苗老师摸着他的头鼓励他："你做得很好啊，老师很喜欢，下次再快点就更好啦！"他用脏兮兮的小手抓了抓后脑勺，笑着跑开了，那么开心。

此后的很长时间里，苗老师都忘记了这件小事。直到五年级毕业时，他拿着一张皱皱巴巴的纸送到苗老师的眼前。展开一看，上面画着粗陋的花花草草，还有一句简单却让她眼眶湿润的话语：您是我最喜欢的老师！我最喜欢上丝网花课！

会欣赏学生的老师是最幸福的；被老师欣赏的学生是最快乐的。教师如果把学生看成是可爱的天使，那么教师就会变成快乐的天使。当教师把自己的爱给学生时，学生们也把他们的爱给了教师。同样一个人，如果教师老是用怀疑的眼光、用挑剔的眼光去看他，他在教师眼中就可能真的会一无是处。反之，如果教师带着欣赏的眼光去看待他，欣赏他每一次的进步，欣赏他每一次的小成功，甚至欣赏他并不完美的表现，不但会给学生树立自信，带来长足的发展，更能够从这欣赏中获得自己的幸福。

三、激流奋进——成长中增强能量，守望幸福的教育

听过很多同事的感叹，苗老师心中也存在这样的疑惑：为什么那些名师能够迅速地成长，获得成功，而我们自己却成长缓慢，甚至没有明显的进步，最终仍然平庸？从一般的视角来看，似乎身处在同样的环境和同样的情况，却为何又有如此的差别？苗婧雯老师深深地感受到一个人的工作环境其实并不能够决定一个人的最终发展，决定一个人成长的关键还在于他保持怎样的心态，做出了怎样的努力。

刚来到望小，苗老师就被安排到一年级，心中不免有些忐忑：自己能教好这些刚从幼儿园过来的学生吗？然而未等度过与学生们的"感情培养期"，教务处的领导们便又对苗老师开始了"听课式轰炸"。虽然时隔多年，但苗婧雯老师依然记得第一次公开课的情形。其实公开课的通知早就下达了，而且苗老师也废寝忘食地精心准备了，可是当踏进教室，看到满教室的教师和学生时，苗老师的思维却停滞不前了，手心直冒虚汗，大脑一片空白，强烈的紧张感，加之对教材的把握力度依旧不够，导致那节课的讲课效果不太理想。课后举行评课时，苗老师抱着"挨骂"的心理去了，让苗老师备感意外的是，同事们并没有对她进行批评，而是耐心地分析课堂中存在的优点和不足，并且给予了苗老师极大的鼓励。他们的包容和宽慰帮助苗老师重新捡回了丢失在那堂失败公开课上的自信，她坚信自己终有一天，也会成为育才园里的优秀教师。

从那之后，为了充盈课堂，不让学生对知识的渴求与期待落空，苗老师积极参加每一次与学科教学有关的培训，为自己的大脑加餐充电。为了让学生们喜欢课堂，苗老师坚持先周备课，充分利用配备的教参和网络资源，精心设计教学思路。她舍弃自己一些可以用来休闲娱乐的时间，跟随着丰富教学经验的教师听课，并且坚持"先听后讲"的原则，听完之后回头参照自己的教学设计，取众家之精华，弃自己之糟粕。从那以后，苗婧雯老师的课堂越来越充实，学生们的成绩也一次比一次见长。这些年课堂水平提升进步的足迹中有过苦也有过累，但感觉最苦最累的日子，其实正是成长最快的日子。成长着、进步着，被学生认可着，苗老师感觉幸福常伴左右。

十二年间，苗婧雯老师享受着并坚持走在属于自己的幸福教育之路上。在

解读学生、解读教育中，学生在慢慢成长，她自己也在慢慢地成长着。在这成长的路上流连忘返，在成长的路上欣赏风景，品味幸福。十二年之前，苗老师带着最初的斑斓梦想走进课堂；十二年之后，苗老师行走在幸福的教育道路上。

自信中的"沉"与"浮"

一、"沉"下去的是自卑

自信是成功之基，是一个人成功的前提。作为教师，在教育学生时，首先要了解自信的重要性，培养学生树立一颗学习的自信心。

然而，在现实生活中，又有多少家长总是对孩子说："你这个笨蛋，才考了这几分。"当着自己孩子的面跟其他家长说："你们家孩子真聪明，每次考试都考得那么好。哪像我们家这个笨蛋，总是考不好。"老师对学生说："你什么脑子，笨得跟猪似的。这么简单的题都不会做。"另外，还有分班考试，分所谓的好班、差班等。以上这些，不管是家长、老师的言语或行为，还是学校的政策，无不严重打击着学生的自信心。久而久之，孩子就会形成这样的认识："我是笨蛋，努力也没用。""我在差班，我是差生，努力也没用。"

二、"浮"起来的是自信

1. 做一个有自信的教师

教师是学生学习的榜样，要想培养自信的学生，作为教师就应该从自身做起，给学生树立自信的榜样。对教师来说，应该知道的东西要比他教给学生的东西多十倍、二十倍；教科书只不过是教师善于弹离的跳板而已。的确，要给学生一滴水，教师就要拥有一杯水。教师只有尽可能多的拥有渊博的知识，才能信心十足地应对教育教学，从而在与学生的接触中，时时树立自信心，潜移默化地感染学生。

2. 培养有自信的学生

俗话说："金无足赤，人无完人。"在日常的教育活动中，教师要善于赏识学生，帮助学生克服自卑心理，树立自信。

我校孔德然老师曾教过这样一个学生，他的言语表达能力较差，说起话来结结巴巴的，很难从他的口里说出一句完整流畅的话，但他很爱表现，每次孔老师提出问题，他总是把手举得最高，为了不打击他的积极性，孔老师只好请他发言，他的发言常会招来同学的笑声，但他不怕错，不气馁，孔老师也常常鼓励他："你很勇敢，老师看到你第一个举手！""这么长的句子，第一遍只错了两个字，不容易，再练一遍，肯定会更好的。"一段时间后，同学们不再嘲笑他了，老师和同学的期待与激励恰似一缕温暖的阳光渗入了孩子的心田，让他看到了希望的曙光。现在，这位孩子的言语表达能力明显提高了。孔老师班级里有一位小姑娘，父母离异，她和年迈体弱的奶奶相依为命，由于缺乏督促和指导，学习成绩很差，同学们笑她，瞧不起她，她自己更是自暴自弃。孔德然老师为了帮助她，常常利用课余时间对她进行个别辅导，当她的学习成绩有些起色时，孔老师就及时在班上表扬她，私下还给她鼓励。孔老师知道她擅长跑步，在运动会上就让她去参加跑步比赛，当她捧回奖状，接受同学们的热烈掌声时，她的脸上露出了自信的笑容，学习上的干劲也更足了。后来，她的成绩已经跃居中上水平了。

学生的自信是一个从"沉"到"浮"不断变化的过程，在这个过程中，教师发挥着至关重要的作用。教师的一个微笑、一句鼓励的话语、一个温柔的抚摸，都能给他们带来无穷的动力！有人说："自信，是演奏家手中的竖琴，是国画大师泼向宣纸的颜料。"自信的人，即使身在乡村低矮的屋檐下，也能高昂着头颅，看到新生活的曙光；缺少自信的人，即使他是身居宫阙殿宇之中的王公贵族，也会垂头丧气，心灰意冷。让我们用爱心，精心培育我们的花朵，让他们沐浴着阳光，开得更加灿烂！

藏一缕幸福在心田

时光荏苒，弹指一挥间，我校丁亚楠老师踏入教育岗位已有七个年头了。那些走远的时光，无人可以挽留，青春不过是一指流沙。七年里，丁老师一边感叹着时间的无情，一边品味着教师职业带给自己的幸福感。

丁亚楠老师回想起刚毕业的时候，曾一腔热血地要将青春奉献给教育事业，现在她想来，那时的自己是幼稚的。时光如此珍贵，一去不回，一同逝去的还有年少时的豪言壮语，抓不住已逝去的青春。当青春退却了历史舞台的时候，心竟然慢慢安静下来了。学会慢下来也是一种艺术，不再急急躁躁地总是挠头，而是学会微笑去等待孩子们的成长，去感悟着点滴的幸福。丁老师记得刚毕业时，看着办公室里即将退休的韩老师戴着老花镜批改作业的样子，她觉得很可爱，认为或许有一天自己也会像韩老师那样……

一、给你我百分百的爱

只有自己当上了老师，才知道自己的身上有一份无法脱卸的责任。虽然老师这一职业并不伟大，也从没有做出过惊天动地的事情，但伟大与不平凡却融入了每一个平淡的日子里。寒来暑往，送走了一批又一批学生，难道孩子们的成长不就是最大的快乐吗？原来，老师的快乐就是如此的简单。

丁亚楠老师依然记得第一年当老师时，我校侯老师告诉她的一句话："对老师来说，班上的一个孩子或许只是你的四十分之一，但是对家长来说，每个孩子都是他们的百分之百。"那时，丁老师就被她的这句话所震撼，也时常用这句话来警醒自己。现在，丁老师自己也是一位妈妈，在感受孩子带给自己的喜怒哀乐时，她也曾无数次幻想自己孩子的未来会是怎样的。丁老师也时常看着自己儿子的小小背影，也无数次把自己的期望寄予在他身上。当了妈妈的这一刻，她完全感受到了来自不同家庭的每一份百分之百的爱，这爱，浓得化不开……

丁亚楠老师班里有一个听力有障碍的孩子，需要借助助听器完成与别人的交流。刚刚接手这个班级，丁老师对他的情况了解得并不透彻，从他的课堂反应中，丁老师始终认为他是听不见自己说话的，因为每次丁老师大声说话、讲课的时候，他总是低着头自顾自地做着小动作。可是，无意间丁亚楠老师发现他其实完全能听见自己说话，声音不是很大他依然能够听得见。当丁老师得知这一情况时，当时她是很气愤的，她感到自己被他欺骗了，听力障碍只是他的借口，这只是在为他自己的不认真听讲找的一种借口。当丁亚楠老师得知他能听见自己说话的时候，她总是有意识地提醒他，可他默然的眼神让丁老师觉得很心寒，她甚至想到了放弃，也曾多次在心里安慰自己：他是一个特殊的孩子，我要容忍他的无知，容忍他的不听话，容忍他与其他孩子的不同。想到这里，丁老师真为自己曾经有过的想法感到惭愧。丁亚楠老师想：虽然他特殊，但是在他家人的眼里，他依然完美，依然可爱。作为老师，我更是没有资格遗忘他。于是，丁亚楠轻轻地走到了他的身边，他对丁老师的到来显得有些拘束。丁亚楠又清楚地重复了一遍自己布置的任务，告诉他怎样完成。他狠狠地点了点头，表示明白了丁老师的意思。丁老师更是借机表扬了他，他非常高兴，丁老师的心顿时轻松了很多。从那以后，丁亚楠老师总是用善意的眼神提醒着他，也会在他不专心的时候提醒他、鼓励他。慢慢地，他习惯了丁老师和他的交流方式。自此以后，他上课做小动作的次数少了，有时候也迫不及待地回答一些简单的问题。丁亚楠老师说："孩子，把你的手给我，让我牵着你，因为你让我感受到了这百分之百的信任，我要用百分之百的爱去理解你、包容你。"

二、让每颗星星都璀璨

夜晚，抬头仰望浩瀚的星空，总是会被最耀眼的那几颗吸引，在赞叹宇宙之美的同时也会忽视了其他的星星。一日，在久久凝望这些夜空小精灵的时候，才猛然发现，并不是第一眼看到的星星就是最亮的，相反，那些看似并不起眼的星星其实也在倔强地闪烁着，只是我们往往忽视了它们。

被遗忘的那些不起眼的星星，遗憾的是错过了很多的风景；但忽视了班上的任何一个孩子，那是后来怎样懊悔都无法改变的伤痛。

我校丁亚楠老师刚毕业的时候，班上转来了一名叫阮宏健的孩子。按照年龄他可以上初中了，但因为学习基础太差，现在才上四年级。他不太喜欢说话，总是笑眯眯的。他勤劳肯干、吃苦耐劳，有强烈的集体荣誉感，热心于班级的任何事情，并且很懂事、很听话。丁老师听班上的其他孩子说，他父亲经营一家小饭店，每晚放学回家，他都要在饭店里帮忙。现在看来，这样的孩子其实比较完美了。但那时丁老师却没有这样想，尽管他有那么多的优点，但丁亚楠老师还是紧抓着他学习不好的借口不放，总是因为他的成绩不够理想而数落他。成绩不好是基础的问题，但是他肯学，语文听写错字太多，他任劳任怨地订正，但订正过后再听写还是会错。对于这样的一个孩子，丁亚楠老师从来没有站在他的角度去想他的困难，总是在学习上过多地要求他。丁老师只教过他一年，他就转学回了老家。

现在已经是丁亚楠老师毕业的第八个年头了，她送走一批又一批的学生，见过多种有个性的孩子。在她的教学中，她改变了自己的教育方法，扭转了自己的教育观点，丁老师感觉刚毕业时的自己教学经验过于缺乏。现在，她最遗憾的就是当初对那孩子的冷漠，后悔、自责时常涌上她的心头。她总在想：如果现在换作是我，我一定不会这么做的，但没有谁会给我这个机会。

人生没有演习，成长也没有彩排。希望教师能用宽容的心态去欣赏每一朵含苞待放的花儿，去赞叹每一颗星星的璀璨！

三、忘记比牢记更美好

"难得糊涂"这四个字，说起来容易做起来难。随着教龄的增长，教师才越来越发现，应该时刻将"难得糊涂"挂在心间。

刘一峤，是一个让人一看就能记住的孩子。他长得胖乎乎的，一双机灵的小眼睛，两颊总是红红的。他思维灵活、善于表现，课堂回答问题总是很积极。但由于家里人对他的溺爱，使他养成了懒惰、做事拖拉的习惯。丁亚楠老师常常因为他的不思进取、不分时机地做小动作而感到苦恼。当面对这样一个让人又爱又恨的孩子时，丁老师真有些无奈。索性，丁亚楠老师对他进行"冷处理"，采取"揣着明白装糊涂"的教育方法，既不表扬他也不批评他，但依然很关注他。一日，丁亚楠老师发现他写的作业很有进步，虽然字依然很大，但每个字都能写在格子里，并且横平竖直，丁老师仿佛发现了新大陆。上课时，丁亚楠老师借机表扬了他，并把他的本子在学生间进行传阅，他的进步得到了其他同学的一致肯定。就这样，丁亚楠老师的"夸张赞扬法"起到了良好的效果。当时，丁老师就看到他的小胖脸更红了，除了原有的红润还更多地夹杂了兴奋的因素。于是，在接下来的课程中，他回答问题的积极性更高了，并且每次的回答都很有思想性。在丁老师不间断的表扬和鼓励下，一峤的作业、书写都大有进步。这一系列的良好反应带动了他的课堂积极性，他的听讲也更专注了。

那一刻，丁亚楠老师庆幸自己没有煞费苦心地想法子对付他，而是采取"揣着明白装糊涂"的教育方法，这样的做法让她熄灭了心中的愤怒与不满。随着丁老师教育方法的改变，换来了刘一峤同学可喜的变化。通过这件事，丁老师深深地感受到，每个幼小的孩子都有自己敏感的神经和细腻的情感，教师的每一个眼神和动作都会影响到他们，与其让自己生气，让孩子难过，倒不如把这一丝希望藏在心底，让它酝酿出爱，蔓延在我们的周边。总有一天，用希望、爱浇灌成长的种子总会生根、发芽、结果，让每一个有心人品尝到胜利的果实。

四、为心灵添一双翅膀

孩子的前途不可限量，每个孩子都有一座属于自己的天堂，我们不能发现它，那是我们还缺少智慧的眼光！

王国董是一个惹人喜爱的孩子，他个头高高的，勤劳能干、乐于助人、待人有礼貌，眼睛里时刻流露出善良和真诚。这样的一个孩子已经算是很完美了，但是在丁亚楠老师的眼里他的学习成绩不尽如人意。因此，丁老师总是盯着他学习上的不足，经常为难他。但是，当丁老师越来越多地接触他以后，他身上的优点改变了丁亚楠对他的看法。学习不好不是他不努力而是基础差的结果，相反，他没有因为自己学习差而自暴自弃，依然认真地做着其他的事情。随着丁亚楠老师与他相处日子的增多，她为自己的想法感到内疚，她想：这样的一个孩子，在父母的眼里一定是很优秀的，为什么我偏要盯着他的不足呢？除去学习的因素，他的每一个行为都令我赞赏。是的，我是缺少了智慧的眼光，在我不智慧的大脑里，这个近似完美的孩子被我忽视过，但是他没有抱怨，每次见到我依然是那副真诚的样子。

每个孩子都有一座属于自己的天堂，每个孩子都如同天使般可人。作为教师，不能像神仙般赐予他们神奇的力量，但是可以为他们的心灵添上一对翅膀，让他们在自己的世界里飞得更高，飞得更远。

五、怀揣美好守望幸福

丁亚楠老师说："作为一名老师，我没有太大的能力把每一个孩子都教育成才，但我会用心、用爱去改变他们的不良习惯，传授给他们知识，教给他们做人的道理。虽然孩子们很小，有时候体会不到老师的良苦用心，但我想他们总有长大的时候。当他们懂事后，哪怕只是在猛然间想起曾经有一位丁老师是那样用心地教育他们，我就已经很满足了。"

对教师而言，快乐、幸福就是那么的简单。一次下班的路上，丁老师偶遇了一位在我校读过书的已经升入初中的孩子。虽然这个孩子不是丁老师教过的，但是她对他印象很深刻。初见他时，丁老师已经不敢相信以前一个调皮的男孩现在已经长成一个个头比自己还高的男子汉了。他看见丁老师后，高兴地扑过来拥抱她。这个拥抱是特殊的、真实的、快乐的……那一刻，即使什么也不说，丁老师也是幸福的。丁亚楠老师说："感谢孩子们在多年后依然能记得我，依然没有陌生感地拥抱我。当时我沉浸在这个温暖的拥抱里，久久不肯离去。教师是我的工作，这只是我的第一个七年，以后还有很多个七年，而我也在自己平凡的岗位上体验不平凡的感动与幸福……"

我付出，我无悔

我校吕林晶老师说："不知不觉踏上教师这个工作岗位已经八年了，想想2007 年的 8 月，我带着一颗赤诚的心踏上了新的岗位，来到了美丽的望岛小学。在这个全新的环境里，让我深深地感受到了教师身上那独有的特点！正是因为他们的热情，让我感受到了家的温馨；正是因为他们的团结，让我感受到了集体的力量；正是因为他们的精明强干、年轻有为，让我对生活有了新的追求！"

吕老师曾说过，作为一名普普通通的教师，整天跟孩子们在一起，曾听有人用嘲笑的口气说教师是保姆，是孩子王。对于这种说法，吕老师苦恼过，也曾经彷徨过。是的，与那些军人相比，教师赚钱少，也没有那一身充满豪气的橄榄绿。吕老师记得曾经在一本书中看到过关于掏粪工时传祥的故事，估计好多人听说过。他甘愿选择掏粪工这个职业，不怕脏，不怕累，为党和人民鞠躬尽瘁一辈子，在即将离开人世的时候，也没有向组织上提出任何要求，还嘱咐他的儿子要接好班。看到了这则故事，你想到了什么？想没想到那万花丛中的绿叶，想没想到那句"化作春泥更护花"的诗句？这就是一种魅力。看了这篇文章，吕林晶老师很受鼓舞，她不再苦恼，也不再彷徨了，开始看不起那些嘲笑教师的人了。

俗话说：教书，育人是教师的天职，它们就像一对孪生兄弟，密不可分。的确，教师在教学的过程中，不但增长了很多的知识，而且自己的心灵也得到了进一步净化。教师的兢兢业业、勤于奉献的精神，更令人感动！我们都知道，教师不是伟人，不能像伟人一样成为偶像，受人景仰；教师不是英雄，不能像英雄一样树碑立传，流芳千古；教师不是明星，不能像明星一样妇孺皆知。相比之下，教师所做的一切，是那么普通，那么平凡，那么琐碎！他们用爱谱写了现代教师的魅力篇章！教师的职业道德是否高尚要看他是否忠诚于人民的教育事业；能否坚定不移地全面贯彻、执行党的教育方针；是否热爱学生，能不能做到既教书又育人。随着社会的发展，真诚地热爱学生已被视为当代教师的师德之魂。所以，热爱学生更是师德教育的核心。

今天的学生需要有一个安静、和谐、健康的学习环境，有了好的学习环境，他们才能主动地参与到各种学习活动中，学习的积极性和热情才会更高，学习效果才会更好！教师在教学中常常会遇到这样有特点的学生：他上二年级，属于口语表达能力欠缺的那种。对语文老师来说，口语的运用无论是在课上还是在课下都至关重要！遇到这样的孩子你该怎么办？一个非常艰巨的任务摆在教师的面前。我校吕林晶老师在课下听同学说，以前的老师总是给他"开小灶"，把他拉出来"单练"。吕老师想这也是一种方法。但她觉得，一但那样做会让学生本身脱离班级，其他学生也会视其为特殊学生。所以，吕老师在课上给他机会发言并及时表扬他，让学生自己和其他同学都能正视他能力的存在。慢慢地，这个孩子对语文的学习产生了兴趣和信心。这让吕老师感到很欣慰，也感到无比自豪！吕老师试着以平等的尊重和真诚的爱心去打开学生的心门，她成功了！爱心让吕老师发现，这扇门的后面，是一个不可估量的宇宙，每一扇门的开启，都是一个无法预测的未来。讲台下，教师所面对的不只是求知的眼睛，还是一个需要用爱来倾注的浩瀚的海洋。在对这些学生的教育过程中，教师应扬长避短，发现他们存在的问题，用爱心和耐心创造出健康的学习环境！

　　教师的职业道德与其他职业道德有所区别，这种区别就在于教师要用自己的品格和自己的良好德行去影响孩子的心灵。教师这个职业要求他们具有高尚的职业道德。在道德风范方面，要继承中华民族的传统美德，高扬社会主义精神文明的旗帜，热爱孩子，热爱教育事业，有为民族的兴旺发达而培养祖国栋梁之材的敬业精神。对于现代教育，要求教师具有现代人的素质和高尚的人格。教育是用人、培养人的活动，教师的劳动过程是人与人之间相互作用的过程，用自己的思想、言行和学识，通过榜样示范的方式去直接影响学生尤其是小学生，他们具有模仿性和向师性的特点，这就使得教师要发挥良好的示范作用。对小学生来说，教师的人格是任何力量都不能替代的最灿烂的阳光。教师能以满腔的热情去点燃学生思想的火花，在学生的心目中，教师永远年轻。总之，作为教师要以高尚的品格影响学生、感染学生，塑造学生美好的心灵，使他们不仅学到了科学文化知识，而且懂得了做人的道理，学生自然敬其师，而信其道，这就是教师的人格魅力。

　　"师者，所以传道授业解惑也。"作为教师，品德和素养是我们发展的一个重要前提，只有对"怎样做教书育人的典范"这一问题有深刻的认识，才能对自己提出更高的要求。"十年树木，百年树人。"踏上三尺讲台，也就意味着踏上了艰巨而漫长的育人之旅。在途中，教师要携手并进，加强职业道德修养，做教书育人的典范，为成为真正的魅力教师而努力奋斗！

"爱"并幸福着

师者的幸福是什么呢？在这样一个夏日的午后，我校王军红老师看着窗外满目的繁花似锦，自己的思绪漫无边际。慢慢地，慢慢地，一个瘦小的身影由远及近，带着些许羞涩，带着些许怯懦，憨憨地冲着她微笑着。

又是一年开学时，带上无限的新希望、新憧憬，王军红又将踏上新的征程。一大早，她站在教室门口迎接着四年级的新生，专注地看着从眼前走过的每一个孩子。其实，王军红老师内心深处很想做一个特"好"的老师，因为她一直幻想着：等自己很老很老以后，还会有很多很多的孩子记得曾经有我这样一位老师教过他们。所以，她一直很努力地要求自己，做得好些，再好些……

突然，王军红老师发现，在人流中有一个瘦小的男孩在不断地向后畏缩，直至教室门外仅剩他一人。王老师定睛一看，感觉他的脸庞是如此熟悉，她忍不住开口问："你是不是那个特能打架的小伟……"她还没说完，男孩就胆怯地点点头。王军红之所以记得他，是因为三年级时他特别能打架。虽然看起来长得瘦小，可是打起架来完全是一副"不要命"的架势。因此，他多次被班主任"请"到了德育处。于是，王军红老师不得不一次又一次出面教育、批判他。可是，不管是晓之以理还是动之以情，那双本该是澄澈纯真的眼神中，却总是闪烁着怨恨与愤怒的火苗，任谁也熄灭不了。当时，王军红老师内心暗暗认定：这是一个冥顽不化的"坏小子"。王军红老师久久地盯着他，不言也不语。不一会儿她发现，这男孩的眼圈竟然红了，泪水已是摇摇欲坠。王老师说："回想三年级时，那么多次地与我'交锋'都不曾见他落泪，而今日，我什么也没说，他却要哭了！这真让我始料不及。"王老师"温柔"地让他进了教室，谁知，当他发现缺少桌凳时，竟默默地在教室里寻了一处角落，老老实实地蹲了下去，头低得很沉，偶尔也怯怯地抬头看上几眼，但只要发现王老师在看他，他就会立刻把头埋下，许久不再抬起。他的举动令王老师惊讶，而更让她难以理解的是，周围的同学也对他视而不见，仿佛他原本就应该蹲在那里。王军红老师想：虽然他曾是我心中的"坏小子"，可是，此时看着他卑微的神态、瑟缩的身影，我的心却针扎般地疼痛。这样一个把"冥顽不化"与"卑微怯懦"集于一身的孩子，他的内心世界到底是什么样子的呢？我想试着走进去！

　　两星期过去了，王军红老师发现小伟性格内向、不善言谈、学习上不尽如人意。经了解，小伟的妈妈精神上有问题，常年住院；爸爸的工作是开长途货车，为了赚钱养家，常年在外。令王军红老师震惊的是，每当他爸爸外出跑车时，无论时间多长都会把小伟一人留在家里……随着对小伟的深入了解，王老师似乎理解了这个孩子以前的种种行为，同时，心中又感慨着：这是一个多么需要"爱"的孩子呀！

　　两星期的时间里，王军红老师对小伟关怀备至，而他也渐渐地愿与王老师亲近了。可是王军红仍发现，他并不快乐。在与同学们的相处过程中，他总是那么的格格不入，虽不至于像三年级时那般与人打架，但却始终无法融入班集体之中。王军红老师想：也许我的"爱"太过单一。

　　有一次中午吃饭的时候，王老师又像前几天一样坐在了他的旁边。先叮嘱他要多吃饭，快长高，又由衷地夸赞了他这几天的表现。果然，听了王军红老师的话后，他原本毫无生气的小脸上，露出了丝丝羞涩的笑意。快吃完饭时，王军红把一个红红的大苹果偷偷地塞到了小伟的手中，并在他的耳畔悄悄地说道："生日快乐！老师送个苹果给你做礼物，苹果寓意平安一生，很吉祥哦！"听了王军红老师的话，小伟的脸上满是愕然："老师，你怎么知道？"王军红笑道："老师可是无所不知的哦，快去玩吧。"看着他离去的背影，一个绝妙的想法突然浮上了王军红的心头，她决定再送一个更大的惊喜给小伟。下午第一节是语文课，王军红老师走进教室后，并没有急着讲课，而是故作神秘地对孩子们说："同学们，今天我们班有一件大喜事哦！"孩子们一听顿时来了精神，纷纷猜测着这件喜事。等着吊足了孩子们的胃口后，王老师才开口道："今天是我们班小伟同学的生日哦，我们一起为他唱生日歌吧！"听了王军红老师的话后，孩子们惊讶地"啊"了一声，所有的目光都聚集到了小伟的身上。小伟显然没有想到，王军红老师要宣布的喜事竟是他过生日的事儿，他先是一惊，又是一愣，而后竟然有些不知所措……王老师起了个头，所有的孩子拍着小手，看着小伟，起劲地唱了起来，那温馨的场面让人动容！终于，小伟无措的脸上露出了发自内心的笑容。她相信，这个生日一定会让小伟铭记在心。因为集体的温暖会让他那颗"游离"的心，不再孤单，不再自卑……

　　三个月过去了，时间不长但也不短。王军红老师和小伟之间越来越有默契，

　　王老师的一个眼神、一个动作，他都能够心领神会。而师生间越发深厚的情谊，让这个小男孩如同破茧化蝶，发生了质的改变。

　　每次双休日回来，总有那么几个孩子没有完成作业。可是，当王军红老师找出小伟的作业时，心里却是甜蜜蜜的。小伟的字虽不美，但态度绝对是认真的。王军红老师忍不住看着他笑，他也挠挠头看着王军红笑。王老师一笑，小伟一笑，其间流动着的浓浓深情，让他们的心又贴近了。中午，王军红老师点了几个学习不太放心的孩子，让他们吃完饭到办公室进行模拟听写，其中就有小伟。吃完饭王老师回办公室，一转头，就见他拿着笔和本子，乐颠颠地尾随而至，看着王军红老师，他的眼睛里溢满了温情与自信。果然，听写完后，王老师一检查，小伟不仅写得认真而且只错了两个字，这是多么喜人啊！王军红老师笑着摸了他的小脑袋，心中充满了爱意。王军红老师确信，这个小男孩真的变了！

　　要升五年级了，一天早晨，小伟又往王军红老师手里塞了几块糖，等王老师反应过来时，早已不见了他的身影。虽然，王军红一再对他说："老师是大人了不吃糖。"但对爱吃糖的他来说，这可能是送给王老师最好的礼物了。王军红看着这个原本并不出色的小男孩，凭着自己不懈的努力一点一点地进步着，她的心里真是高兴极了。中午吃饭的时候，王军红老师又坐到了小伟身边："谢谢你的糖哦，吃起来真甜！"他听了憨憨地笑了，满足之情溢于言表。中午的加餐是一只肥硕鲜美的大虾，王军红老师把它夹起来放到了小伟的餐盘中，心想着这么瘦小的身子要多增加点营养。可是，就在王军红老师埋头吃饭时，小伟却趁她不注意又把大虾放到了王老师的盘里并悄声地说："老师我不吃，你吃！"于是，一只大虾就在王军红老师和小伟的盘子中轮流转换着，最终在王军红老师的一再坚持下，他才默默接受了。

　　王军红老师说："师与生之间，就是这样的，爱孩子，孩子也会爱你！"

　　师者的幸福到底是什么呢？此时，王军红老师心中已然有了答案。当自己用心爱着学生们时，就是最幸福的时刻！

幸福像花儿一样

五月芳菲，空气中有芬芳温润的味道。清晨，我校孔德然老师走在上班的路上，忽闻阵阵香气扑鼻而来，仔细一瞧儿，竟是那路边的花儿争相竞放，串串花蕾，随风摇曳。那一片片红，每一朵、每一片都散发着诱人的气息。

时光荏苒，如白驹过隙，不知不觉间又到一年开春时，心绪摇晃，两年前的今天，孔德然老师还在灯下苦读，一遍遍地翻阅《教育学理论》，一次次痴迷于卢梭的《爱弥儿》，一步步领悟教育家的教育思想。站在时光机上，孔老师回首过去的两年教学生活，努力地想从人生字典里找到一个词来诠释自己的教育生涯，她正思索着，这时，一只蝴蝶从她眼前飞过，静静地落在含苞待放的花蕾上，那蝴蝶正吸允着花儿的芬芳，不舍得离去。孔德然老师想：咦，那不就是我吗？贪恋着教育这片肥沃的土地，享受着它带给我的无限能量。我想到了，是这样一个词语——幸福！

孔德然老师说："还记得初踏三尺讲台，一种热情让我痴迷，一种追求让我陶醉，一种拼搏让我乐不思蜀。两年前，我大学毕业后来到威海环翠区望岛小学任教，那时妈妈对我说：'都说闺女是娘的贴心小棉袄，你走这么远，家里人都很是不舍，你想清楚，你还有机会从事别的行业，这样至少离我们近，什么事情都有个照料。'虽然妈妈说的时候我能感受到她对我的不舍，但是我还是毅然而然地选择了教师这个职业。"

时光飞逝，孔德然老师在望小工作着、学习着、收获着、成长着、进步着。孔老师说："这所充满正能量的学校，吸引我的不仅仅是挺拔的高楼、特色的文化、优美的环境、齐全的设施，更多的是同事们对工作的热情，对年轻教师的扶持，对孩子的关爱，都让我不禁赞叹。因为在这片土壤上，有一套团结协作、励精图治、开拓进取的领导班子，在领导的感染下，老师们也都兢兢业业。"孔德然老师曾经翻看过我校王军红老师用心为学生批改过的作文和日记，那一句句鼓励的话语，伴着那一个个生动的表情符号，令孔老师敬佩；她走进徐兵娜老师的课堂，感受到了所有的知识都是灵动的、跳跃的，那抑扬顿挫的声音总是吸引着求知若渴的莘莘学子；她也聆听过卢鹏老师的讲课，文化与涵养弥漫在整个教室。双休日，孔德然老师还能看到我校鹿明静老师来学校为学生批改卷子、作文，为学生出习题，她学到了很多。孔老师为了学生自己花钱掏腰包买奖品，发给学生，鼓励学生。

我校教师用爱的智慧走进学生的心灵，苗靖雯老师、于淑娜老师做学生的贴心朋友，真诚呵护学生，刘巧妮老师时常与学生进行交谈，宋岩老师带病坚持工作……多少个日子，下班的铃声响了，我校教师还在一遍遍地修改着课件。教师始终奉行着平凡的不能再平凡，普通的不能再普通的奉献精神！也许你会说，他们太累了，可是他们却从来没有停下追逐的脚步；也许你会说他们太傻了，但是他们却是那样的自得其乐；也许你会说他们渐渐憔悴了，可是我们分明看到了他们眼睛深处依然充满着明媚的阳光！那阳光是责任，是希望，更是一种无私的爱！教师向我们传递着为师者的幸福，渐渐地，他们收获的会越来越多，成长就越来越快，幸福就越来越满。如此这般，师者的幸福来矣！

前不久，学校组织了师者谈幸福的座谈会，这就像一碗心灵鸡汤，充实了每位教师的心灵。这次培训，让孔德然老师感受到了望小每个教师的幸福。是啊，幸福是每个人都有的，单单看那些照片和视频中老师们脸上洋溢的笑脸或某一个小小的动作或是对于幸福的沉思，都在传递着一种幸福的感觉。在孔老师的脑海中，也浮现了一幕幕：

一个个孩子由我扶着他的手写"一、二、三"开始到慢慢地学会自己写文章，从念"a、o、e"开始到富于感情地朗读课文，他们的进步，是我的幸福。

一个个孩子，从少不懂事，到懂得尊老爱幼、团结友爱、诚实守信、乐于奉献……他们的成长，是我的幸福。

一个个孩子，在即将与我分别时，依依不舍的面庞，眼里噙着的泪水，那也是我的幸福。

一个个孩子，在节日里，寄来一张张贺卡，发来一条条短信，送来一朵朵花，虽然那是一朵叫不上名字的花，而且是纸花，可那微微香，恰入我心，因为那是孩子们用心、用手、用爱做成的花。那时的幸福亦像花儿一样，而且是很幸福的那一种。

孔德然老师还记得刚接手一年级的时候，她发现班里有一半的学生是来自外地，孩子们之间沟通、交流存在障碍，个别孩子总是需要她把话慢慢地重复几遍，这样才能听明白，她意识到自己今后将面临一个什么样的挑战。在孔老师的班里，有一个叫白云奎的孩子，他来自内蒙。在班里，他看起来与其他同学格格不入，每次站起来回答问题都是站着不出声，让人甚是着急，从开学到现在，孔老师一直都很关注他，也能够发现孩子不能表露出来的优秀面。孔德然老师平时没事的时候，总会把他叫到跟前，试着和他聊天，他的言语不多，但他那单纯而又可爱的笑脸给孔老师留下了深刻的印象。他妈妈说孩子在家的时候也很少说话，有时家长都要提高分贝去叫他，他才给予回应。开学前两个月收饭费或者发给家长的单子，第二天他从来都没有及时上交，每天孔老师都会走近他，弯下腰，轻轻抚摸他的头，微笑而又耐心地和他沟通、交流，渐渐地，他比以前爱说话了。后来的两个月，孔老师能感受到他的变化，这两次饭费他都是在第二天准时拿来。他妈妈告诉孔老师，孩子现在回家比以前能说多了，性格也更开朗了。

面对这样一个不爱表达的孩子，孔德然老师意识到了培养孩子口头表达能力的重要性。在平时，她总是跟他聊家常，虽然很多时候孔老师会把句子重复多遍才能得到他的回应，但她很愿意去等待他的回应，孔老师喜欢这样一个心地善良的孩子。他自己会告诉孔老师说："我家住五楼……"他有时候也会不完整地说："喜欢孔老……"

每次午饭后，孔老师总是要和他说几句话。有一次加餐吃的是橘子，白云奎把橘子剥开，拿出一瓣递到孔老师嘴边，什么都没说的他想要表达的就是给老师吃。对于孩子的这种做法孔德然很是感动，酸酸的橘子带给她的是前所未有的甜蜜和幸福，这样的动作让孔老师感受到他愿意亲近老师，她很欣慰。在以后的日子里，孔德然老师会更多地和他交流，不为别的，只因为孔老师发自内心地想和他聊天。此时此刻，回想起这些，孔老师都觉得幸福无时不在自己的身边。身为师者，她觉得很幸福！

孔德然老师说："大学时，曾几度渴望当一名学生爱戴、家长喜欢、同事认可的人民教师；也曾多次幻想自己站在讲台上，填充每一个孩子稚嫩的心灵；甚至也曾模仿过名师们讲课的语气和姿态。有一天理想变成了现实，我又开始渴求做一名有追求的、有幸福的、有爱的教师。如今，我快乐地行走在教育的大道上，舍弃功名利禄的追求，放下急功近利的心态，把教育当成一种美学，在平淡中体会着愉悦。如此一来，倦怠的心理烟消云散了。"孔老师的爷爷曾经对她说过："生命不在乎长短。人活在世上是要有意义，有价值！"她说："爷爷卧床七个月的日子里，我的精神崩溃到了极点，爸爸买来了于丹解读的《论语》和《庄子》，我每天晚上守在爷爷身边，一遍又一遍地翻看着这些书，从《论语》里我记住了这样一句话：有时候，爱是一种身体力行，点点滴滴的行为，他不仅让别人受益，也会让自己快乐。"每当教师节收到孩子们送来的贺卡，孔老师就会开心好久；每当圣诞节收到孩子们送来的平安果，她也会激动好一阵；每当感恩节收到家长发来的一个个感激的短信，都让她觉得一切的付出都是值得的；每当期末，孩子们都拿着一张张满意的成绩回报父母，她的幸福感就会油然而生；每当看到孩子们在她组织的活动中，在她的教育和感染下，健康并快乐着，成长并美丽着，此时自然有一种叫作"幸福"的感觉再一次涌上孔老师的心头。

在这充满爱的岁月里，学生们来了，又走了，守望着他们走进望小校园，五年后又走向初中的考场，关注着他们的成长，你说，作为教师，怎能不品读出浓浓的幸福呢？

曾有人问孔德然老师："当教师苦不苦？"她都会笑着说："虽苦犹甜。"教师的事业是用语言来播种的，用粉笔来耕耘的，用爱心来浇灌的，用心血来滋润的，虽然教师的劳作是辛苦的，但收获更多的却是幸福。可能教师的事业永远也不能够轰轰烈烈、惊天动地，但孔老师还是希望，在望小的怀抱里，甘愿做一名光荣而又幸福的人民教师。

第五章

成就自信阳光学子

　　德育是教育的灵魂和核心，是实现全面发展教育目的的保证。中国五千年文化，从我们出生就在强调尊老爱幼，强调要养成良好的品行，传统思想品德教育思想以儒家思想为主流，中国人民在长期的道德教育实践和对道德教育规律认识过程中逐渐形成了具有中华民族特色的道德教育思想。学校通过德育课程，培养学生具有先进的思想、高尚的道德，使其充分发挥精神力量对社会发展的促进作用。同时，德育又是促进人的全面发展教育的一个重要组成部分，其中良好的思想品德会使人有博大的胸怀、远大的志向、高尚的情操。

第一节　德育引领　自信成长

　　小学的德育主要是习惯养成教育。养成教育，是培养孩子养成良好习惯的教育。习惯是养成教育的产物，它往往起源于看似不经意的小事，却蕴含了足以改变人类命运的巨大能量。好习惯常常让人受益终生，坏习惯往往使人深陷泥潭。要抓好养成教育，应当从培养孩子的良好习惯入手，即让小学生从小养成懂得守纪律、关心他人、尊敬师长、爱护公物、勤俭节约、不怕困难、勇于挑战、积极向上等良好的道德品质和行为习惯。这样，学生才能进一步树立热爱祖国的思想，并愿意为祖国的建设而努力学习，贡献自己的一切。而这些良好品德的形成，不是一朝一夕就能完成的，要经过潜移默化、日积月累，注重德育课程化，突出心理健康教育工作重点，与社区课程紧密结合。

一、行为习惯养成：就餐文化　文明乘车

　　1. 每月一个主题，抓实校内外养成教育

　　根据每月的特点，分为：校内养成教育主题——3 月礼貌规范月，4 月守信互助月，9 月纪律模范月，10 月文明修身月；校外养成教育主题——5 月环保劳动月，6 月尊老爱亲月，11 月敬老孝亲月，12 月社会公德月；根据月主题内容，开展丰富多彩的活动。如每月举行一次班队会，每周利用少先队课进行一次评价、反馈、小结，最终月底评选出月主题小明星。通过这样的方式，抓实校内常规训练，强化校外习惯养成，教导学生言行合一，明自信之理，绽自信风采，逐步培养自信阳光的望小少年。

　　2. 弘扬传统文化，培养文明就餐美德

　　开展了校园"文明餐桌"活动的宣传教育，教师利用国旗下讲话的时间向学生讲解了有关勤俭节约的知识，用老一辈革命家艰苦奋斗的革命历程向学生传达了"谁知盘中餐，粒粒皆辛苦"节约理念。学生知道了诸如爬雪山、过草地等革命经历中每一粒米、每一颗粟对于红军战士生命的重要性。教师热情洋溢的讲话仿佛令学生置身于那个艰苦的革命年代，使学生不仅了解了老一辈革

命先烈们的艰苦壮举，更加深了对勤俭节约的认识。

学校还通过宣传栏、校园广播等多形式、多渠道的宣传方式，将节约光荣、浪费可耻的文明理念渗透给每一位师生，引导师生从小学会节约粮食、文明用餐，养成健康文明的生活习惯。通过班队会的形式，教育学生"食不语"，采用手势的方式，为学生添餐，同时保持优雅的就餐姿势，就餐结束，做到"我的地盘我做主"，保证餐桌、地面干净整洁。

通过一系列的活动，学生不仅知道了要从小节约粮食，文明用餐，还从中学会了许多做人的道理。

3. 结合本校实际，落实文明乘车

首先，召开德育工作会议，强调文明乘车的重要性。要求各班主任在班级开展以"珍爱生命、文明乘车"为主题的主题班会，使学生对一些常见的交通法规都有了较深入的了解，认识到了遵守交通法规、文明乘车的重要性，违反交通法规的严重性，从自身做起，做遵守交通法规的模范。

另外，利用多种形式进行交通安全教育、文明乘车宣传。我校在响应教育局组织的"养成教育大赛"的同时，也面向全体教师广泛征集"文明交通"礼仪手册，全体班主任教师根据班级实际情况进行了手册的创作。同时，将礼仪手册打印贴在学校走廊宣传栏。使学生懂得"文明交通""文明乘车"的必要性，提高自我约束能力。

针对部分乘坐公交车的同学，学校根据实际情况将他们分成两组：27路为一组，31路为二组，每组选派一名组长，对学生在乘坐公交车时的不文明行为及时进行劝阻与教育，同时上报学校德育处，计入班级考核当中。学校还成立了由少先队大队委组成的"交通安全文明检查小组"，作为宣传交通安全及文明乘车的义务宣传员，在放学和上学时段监督学生有无违反交通规则的行为发生，教育说服违章学生，积极倡导文明、安全乘车，文明、安全走路等。

二、落实德育课程化改革

1. 德育校本课程再上新高度

"生活技能"一直是我校延续已久的传统德育校本课程。为了能够有所突破，本学期，德育处紧紧围绕学校"自信教育"特色，重新审视、探索、深化，对原本简单的"学—练—评"模式进行了科学、规范的提升，使之逐渐形成了一套可操作性极高的课程体系。

（1）科学规范的课程纲要

围绕"自信教育"特色，梳理了"生活技能"课程纲要。确定了生活技能的总目标为：学会一项技能，养成一种习惯，提升一份自信；并从年级课程目标、课程内容、课程实施、课程评价四方面进行细化。使"生活技能练出自信"从一门简单的校本课程提升为更为科学、严谨的课程体系。

（2）"小、精、实"的生活技能讲义

为了让"生活技能"的讲义内容更丰富、操作性更强。本学期以级部组为单位对"生活技能"讲义进行了大幅度的修改完善。对每一项技能进行了深度挖掘与开发，把原本一课时的内容，拓展延伸为四课时。如此以来，学生一学期虽然只学一项技能，但在内容方面却强调了"小、精、实"。这样更有利于学生的掌握与实践。

（3）图文并茂的生活技能记录

为了让生活技能课堂落实得更加有章可循、有迹可觅。本学期，我们倡导班主任教师为每一次"生活技能课"留存精彩。在每次的活动记录中除保留原有的文字记录外，还增设了图片记录。把家长、学生、教师共同参与的精彩瞬间定格在记录表中。同时，还要求班主任利用QQ群、数字化校园，及时地把生活技能课中学生的表现反馈给家长，让每一位家长都能充分感受到家中的"小皇帝、小公主"也有独当一面的自信风貌。

而我们所整理、编写的"生活技能课程纲要"在环翠区校本课程评选中评为"A"等。

2.《望岛小学修身礼仪》课程稳步落实

（1）学校《望岛小学修身礼仪手册》编写完成。在此基础上，组织班主任们进行了以"修身礼仪"为主题的班会课讲、听、评活动，并写出了深刻的教学反思及听课反思，每一位班主任通过活动深入理解了"课程育人"的内涵。

（2）为了让每一位望岛学子都能深刻感受到"礼修自信"的内涵，德育处开展了"望岛小学修身礼仪层层赛"活动。通过学生与学生、班级与班级、级部与级部之间的层层比赛，使"修身礼仪"扎根在每位学子的心中，落实到每位学子的行动上。

三、加强心育，突出工作重点

1. 成立"心晴部落工作室"

为了让心理健康教育工作能够推进得更扎实、更有效，让每一个孩子都能够从中受益。我校由具备国家二级心理师资格的苗婧雯老师带领学校心理健康方面的骨干老师成立了"心晴部落工作室"。通过若干次的碰头研讨，不仅加大了五位骨干成员的向心力，而且有效提升了他们独当一面的责任心。另外，"心晴部落工作室"自成立以来，引导五位骨干成员积极参加区组织的各种心理培训活动，以此不断促进心理专业知识水平的提高。

2. 制定有效的机制与措施

为了在最大程度上激发"心晴部落工作室"五位老师的责任心与积极性，我们改变了以往同吃"大锅饭"的现状，而是针对实际情况，进行了有效调整。

（1）实行"包干到级部"制度

对学校的心理骨干成员以"包干到级部"的形式，合理地分配到每一个级部。如此，可以让每个级部都有一位心理专业水平高的骨干老师，充当班主任日常心理工作方面的"军师"。无论是与学生还是家长的交流，在任何方面出现了问题，"包干到级部"的心理老师，都能随时随地从心理的角度为班主任出谋划策。

（2）配备专属"心理咨询"档案盒

为了提高骨干心理教师的成就感与责任心，学校为"心晴部落工作室"的每一位老师都配备了专属于自己的"心理咨询"档案盒。要想让自己的档案盒更充实就必须不等、不靠、不拖，付出多少汗水才会收获多少成果。如此措施带来了巨大的转变。以前学校的咨询工作是需要德育处通过各种计划、安排"要你干"，而现在为了积累更多专属于自己的咨询资料，变为"我要干"。

（3）自主支配与考核

为了让心理咨询更有成效，往往需要班主任或是对问题学生进行前期了解，或是对其家长进行后续跟踪。以往，这些工作都是德育处统一安排并对班主任进行年终考核。现在，则完全放手给五位骨干老师进行自主支配。根据日常咨询的需要，五位骨干老师要与班主任紧密联动：当班上某个孩子出现问题时，班主任可以随时邀请心理骨干老师共同解决，而心理骨干老师也可以随时安排班主任对前来咨询的学生进行后续资料的收集。通过心理骨干教师与班主任的紧密联动，真正地让每一个前来咨询的孩子受益终生。

同时为了加大班主任辅助的积极性，德育处还把年终考核的权利也放手给了五位骨干老师。以此，督促班主任们积极辅助五位骨干老师的工作，效果斐然。

3. 心理小课题的整改与提升

（1）根据学生的年龄特点及认知规律，重新甄选心理小游戏及其涉及领域。

（2）重新修改了实验记录表格。修改后的记录表，不仅达到了操作便捷、问题反馈清晰的目的，而且在很大程度上减轻了班主任的负担，节约了学校的纸张。

（3）对心理小课题资料的整理与搜集，制定了"配套"提交的要求。如此以来，资料的呈现更规范、更科学，让人一目了然。

四、联合社区，深切落实全员育人

1. 完善社区教育课程，开发多元校本

"金歌嘹亮"课程受到了广大爱好唱歌的社区居民的喜爱，众多居民报名参加。每次开课，少则有 40 余人，多则有 70 多人到校参加合唱训练，在专业声乐教师的指导下，合唱团的演唱水平和技巧有了很大程度的提高，同时提升了社区居民歌唱的自信心，使居民们能够勇于参与，展现自己。社区居民合唱团演唱的爱国歌曲《歌唱祖国》曾在"六一"文化艺术节上展示，受到了与会领导及师生的赞扬。本学期，有更多的居民选择参加我们的合唱团，新的合唱曲目《爱我中华》正在如火如荼地排练着。学校"金歌嘹亮"这一课程的开发，为爱好唱歌的居民提供了学习与展示的平台，得到了社区居民的一致好评。

"韩流美食"课程则给喜欢美食的居民提供了帮助。每次活动，社区的大妈们都兴高采烈地带好米饭、大根、黄瓜、紫菜、鸡蛋、火腿等制作紫菜包饭的材料，在学校苗婧雯老师的指导下，认真学习制作各种紫菜包饭。我们还邀请社区工作人员、部分家长和学生共同举行了一次"韩流美食"大赛，活动现场大家互相帮助，互相学习，气氛热烈，其乐融融。大妈们还将在学校学到的制作紫菜包饭的方法带回社区，带回家庭，将制作的美食与家人、朋友共同分享。这也让我们深刻感受到了开设"韩流美食"这一课程的意义，我们将一如既往地开好课程，为社区居民提供帮助与服务。

2. 汲取经验，做好学校体育设施对外开放工作

学期初根据学校要求做好体育设施对外开放活动配当，发放好"出入卡"，建立来校进行体育锻炼人员档案，做到心中有数；随时查阅来校活动情况记录，并与学校保安人员及时沟通，发现问题及时解决；经常到操场检查设施使用情况，发现卫生问题，及时清理，保证每周按时打扫一次，保持了干净的环境；及时与来校活动人员沟通，重申学校的体育开放活动制度，要求活动时确保体育设施的正常使用和环境卫生的保持。自今年我校体育设施对外开放以来，共有1000多人次来校进行体育锻炼。通过体育设施对外开放活动，不仅给喜欢体育运动的居民提供了锻炼的便利，强健了体魄，而且使学校与周边社区居民的关系更加融洽和谐，紧密相连。

3. 加大与社区的紧密联系，开展多彩活动

和社区服务志愿者们一起联手，组织了丰富多彩的活动。如清明节蒸面燕、叠纸花、端午节包粽子、制作紫菜包饭、教学生活技能、六一文艺会演、制作中秋月饼等活动。每一次活动我们都能做到提前联系、精心策划安排，确保每一次活动都能安全、有效、有序地进行。

通过与社区联手举行丰富多彩的活动，使社区与学校的关系更加紧密，更多的社会志愿者愿意投身到为学生服务中来，也使学生了解了更多的传统文化，同时将传统文化得到继承，发扬光大。

第二节　全员必修　多元发展

一、艺术课程，张扬自信魅力

艺美、才美、运美、创美，美美与共。当人的审美眼光得到拓宽，审美情操得到陶冶，审美艺术得到提炼，审美能力得到升华的时候，自信心便会油然而生。在向美课程中，唱歌最能提升一个人的自信心，在歌唱的过程中能够催发人积极向上的精神面貌；"京剧"是我国的国粹，它包含着民族艺术、道德观念、传统习俗和历史知识等多方面的价值，蕴含着大量的教育资源，是培养学生民族自信心的源泉；篮球是学生喜爱的一项体育活动，也是智力锻炼和运动健康合二为一的运动；挑战吉尼斯，则更是让学生发现自己的优势，展示自己个性最好的舞台。因此，我们以学生兴趣和特长为基础，以收获成长的快乐，体验成功的喜悦，感受自信的魅力为目的，通过课程的学习和活动的开展，让学生在多种才艺的训练与挑战中张扬个性，从而彰显自信的气质。

1. 金歌嘹亮　唱出自信

美妙的歌声能陶冶一个人的情操，像星星火种，将自信传递。学校结合音乐学科对学生演唱的要求，拓展、整理课内外歌曲，从爱国、爱生活、感恩、礼仪、经典诵读等不同类别上精心挑选50首经典歌曲为必唱曲目，创编了"金歌嘹亮　唱响自信"的特色校本课程。在课程实施的过程中，通过提炼内涵、探究模式、拓宽途径、优化评价四项优化策略，使金歌课程向专业化发展，使学生的艺术潜能得到最大限度的挖掘和提升，展露自信风采。

（1）提炼金歌内涵：赋予金歌"魂"的魅力

演唱优秀的童声合唱歌曲，对于学生道德的培养，性格情操的熏陶，形象思维的丰富有很大帮助。在合唱技能的训练、艺术形象的塑造表现中，会促使学生扩大视野、积极思考，从而有力促进学生的智力发展。同时也培养了学生的合作能力，使班集体凝聚力得到提升。

①调动学生主动参与，为自己的班级合唱团命名

学生们自主研讨，将班级合唱的事当成自己的事，充分发挥主人翁精神，大家七嘴八舌地讨论，将自己喜爱的小动物、小形象进行优点分析、赋含寓意，为班级合唱团命名。诸如"好声音""小天使""哆来咪""百灵鸟""小雏鹰"等合唱团的产生都是通过学生自主命名而成，学生对班级合唱团会更有感情，也更有团队精神。

②调动学生主观能动性，赋予学生自主的权利

为让学生把合唱真正当成自己的事情去做，学校赋予学生三个权利：一是让学生自主选歌和歌曲的表现形式；二是让学生自主采用喜欢的表演方式进行演唱；三是给学生自主管理的权力，一些管理指标在团长的带领下由学生自己制定，如演唱的纪律、姿态、声音、感情的投入等，学生都会管理得津津有条，样样到位。有效的制度是唱好金歌的基本保障，是加强团结、形成班级凝聚力的有效措施。

③定期召开金歌专题培训会，加强班级凝聚力

班主任每周召开一次"金歌碰头会"，就金歌精神、歌曲内涵、演唱形式、演唱技巧、表达含义等进行交流、探讨，达成共识。然后对学生进行有目标的合唱引导，让学生渐渐懂得合唱是合作的艺术，合唱的和谐来自团队的紧密团结和真诚合作；一部成功的合唱作品，必须要依靠队员们心灵与感觉的默契，队员之间的协调是至关重要的；在感情、旋律、力度方面都要把握好平衡，而这种平衡要通过队员和队员之间、声部与声部之间以及声部与集体之间的配合才能达成，无形中增强了班集体的凝聚力。

（2）探究教学模式：夯实金歌演唱功底

①训练学生掌握正确的歌唱呼吸方法

我校因受到音乐教师师资短缺的限制，所以每月会安排音乐教师对全体班主任进行乐理知识、演唱技巧的培训，提升班主任的演唱、呼吸技巧。根据乐句的长短、强弱、快慢，安排呼吸量的大小，做到有意识地控制。班主任将自己所学运用到一日歌曲的训练指导中，确保每个学生掌握正确的歌唱呼吸方法。

例如，每天早晨进行五分钟发声练习，用科学的发声方法和规范的训练步骤来训练学生的声音。每天中午在一支歌分享前，先教会学生正确的合唱姿态、表情、动作、舞台造型等，从细节入手，抓好学生的歌唱形象形体训练。每天

晚上放学前，大家齐唱一首歌，振奋精神，为美好的一天画上满意的句号，让学生的生活天天都充盈在美妙的歌声中，班级学生人人张口唱，班班有歌声，悠扬的歌声充满校园。

②加强音准和节奏的训练，培养唱谱能力

要克服这一困难，学校做出统一规定：在练习金歌演唱时，首先应让学生保持良好的姿势，训练学生规范的站姿。同时利用钢琴和柯达伊手势引导学生把握好音准和音程。在学生掌握歌谱以后再教唱歌词，在唱谱的过程中解决学生的音准、节奏、快慢、情绪等问题。

③创设"先难后易"金歌教学模式

为加大对金歌专业技术的投入，学校聘请一方艺术学校丛玮校长担任我们的金歌校外辅导员，每月定期给全体教师进行金歌培训，同时还兼担家长合唱团的总指挥，每月月底的周五为家长合唱团进行排练，使家长这股强大的民间组织力量加入学校的金歌合唱队伍中，形成合力，不断壮大、推动我校金歌特色校本走向优势、走向精彩。我们在金歌教学实践中摸索前行，也积累了一定的经验。在面向家长、学生的系列培训中，逐步探索出一条"先难后易"的教学模式。

例如，音乐教师在教学之初暂把第一声部放在一旁，先教第二声部，待学生对第二声部有了一定的把握后再教第一声部。先克服难点，再从易入手，便于学生更好把握金歌的难点。在排练《君子之歌》时，丛玮校长先确定难于攻克的第二声部的演唱人选，进行重点训练，然后全面铺开，教师学得兴趣盎然，收到良好的训练效果；家长合唱团在学唱《爱我中华》时均采用这种先难后易的教学模式，使大家保持长久的兴趣和生命力，对金歌欲罢不能，也使我们很多的家庭父子、母女齐上阵，大秀金歌，唱出家庭的欢乐气息，唱出自信的和美之音。

（3）拓宽展示途径：搭建金歌展示平台

每年通过艺体文化节、"六一"文艺会演等金歌展，搭建多种平台，充分展示出班级、学生、家长、教师、社区、协作区等个体和团队的金歌演唱水平，激发学生对金歌的浓厚兴趣，人人都变得愿意张口唱，敢于大胆张口唱。唱歌就是一朵云推动另一朵云，大家投入其中，其乐融融。

①艺体文化节——巧整合

3月，学校借助"校园艺体文化节"打造以"金歌"和"体操"艺体活动相结合的创新形式。《七色光》《文明礼貌歌》等一首首节奏欢快的金歌特色展演把活动推向高潮；三年级金歌展演《团结就是力量》，将唱歌和武术、拳打结合；五年级金歌展演《为梦想，时刻准备着》，将唱歌和运动、舞蹈相结合，培养学生自信、高雅的艺术情操。

②六一文艺展——巧携手

为陶冶学生的艺术情操，提升学生的实践能力，繁荣校园文化。6月，学校携手家长和社区举办"童心点燃中国梦"庆六一文艺会演。本次会演采取了亲子表演、社区广场舞、家长大合唱等多种形式，教师、学生、家长、社区阿姨等多重角色共同演绎出一场独具特色的艺术盛会。在会演中，不同层面的金歌展演成为全场节目的活动焦点，有音色优美的女声小合唱，有气势磅礴的童声大合唱，有家长合唱团的倾情演出，有亲子金歌的家庭大联盟，还有社区老大妈的金歌热舞，一首首曲调优美、形式不一的金歌演唱不断将文艺会演推向一个又一个高潮。10月，我校家长合唱团进行了人员重组工作，第三届合唱团吸纳成员98人，壮大了合唱队伍，使家校金歌联手走向常态，在家庭、社区中引起轰动。

③协作区会演——巧联合

今年，我校的金歌合唱团大胆走出校园，不断推动金歌的社会影响力。塔中协作区每月会举行一次音乐教师"金歌合唱"专题研究会，学校每周一会选派五名金歌精英教师到塔山中学进行集训，不断提高教师的金歌专业素养。9月，我校学生合唱团所演唱的代表曲目《鲁冰花开》参加了塔中协作区特色活动展示，受到与会领导与观众的热烈好评。

④吉尼斯挑战——巧提升

11月，我们举办了第五届"校园吉尼斯　炫出我自己"的挑战赛，在吉尼斯挑战的绘画、舞蹈、歌唱、器乐、手工、益智、生活技能七大项目中，全校有一半的学生选报了金歌挑战，从班级挑战到级部挑战再到最后的校级挑战，层层选拔，层层晋级，最后在校级吉尼斯挑战中成功晋级的86名选手中，有30多位选手来自金歌展示，有单人唱，有组合唱。挑战赛为喜欢歌唱的学生提供展示自我的平台，在挑战中品尝金歌的魅力，大大激发学生对金歌的热爱。"吉尼斯挑战"为学生提供了展示自我的广阔舞台，激发学生对金歌的浓厚兴趣，人人都变得愿意张口唱，敢于大胆张口唱，自信心得到极大提升，家长满意，影响力和传播力好。

（4）传递和谐之音：演绎金歌爱国之情

"文明是股清爽的风，温暖着你，温暖着我。"学校校园中嘹亮、悠扬的歌声承载着孩子们的自信一路飞扬。10 月，为弘扬优良革命传统，深入推进社会主义核心价值观教育，激发学生爱党、爱祖国、爱家乡的情感，庆祝建国 67 周年之际，全校 898 名学生一同唱响了"社会主义核心价值观"组歌大联唱，将爱国、感恩、礼仪、诚信等教育融入激昂的歌声中。一首首《富强歌》《文明歌》《民主歌》等社会主义价值观组曲响彻整个校园。比赛中，同学们精神抖擞，声音洪亮，节奏准确，个个斗志昂扬又富有感染力，充分展现了望小学子深厚扎实的艺术素养和自信向上的精神面貌。学生用优美歌声唱响组歌，用赤诚之心唱出对祖国的热爱，用高雅行为诠释着社会主义核心价值观的深厚内涵，在校园中掀起阵阵文明、诚信、友爱之风，唱响文明爱国之情，让每个学生自信快乐地成长。

目前，"金歌嘹亮　唱响自信"特色校本课程已在学生幼小的心灵中埋下一颗美好的种子，烙上了自信的印记，为每一个走出望小的孩子赋予演唱金歌的幽雅素养，让他们带着这种美好的情怀迈向自信人生的起点，向着有梦的方向奔跑、远航。我们认为，教会学生一项演唱技能、培养一个兴趣爱好、陶冶一份情操、提升一种自信，这就是教育最宝贵的精华。2016 年 7 月，我校有 6 名学生参加"山东省首届艺术才艺电视大奖赛"，在单人演唱节目中，分别获得一、二等奖的好成绩。

"金歌考级"十项标准

等级	年级	必唱曲目	选唱曲目	评价标准
一级	一年级	《祖国，祖国，我们爱你》《快点告诉你》《共产儿童团歌》《小号手之歌》《小海军》	《种太阳》《祖国在我心窝里》《弟子规》	对歌曲有着浓厚的兴趣。在唱歌过程中不跑调、离调。
二级	一年级	《春晓》《我爱北京天安门》《七色光》《大雨和小雨》《国旗国旗真美丽》《各族小朋友在一起》	《礼貌歌》《鲜花爱雨露》《小毛驴爬山坡》	掌握基本的发声技巧。能熟练演唱歌曲。
三级	二年级	《少年少年祖国的春天》《娃哈哈》《歌声与微笑》《小鼓响咚咚》《拍手谣》	《校园的早晨》《爱的人间》《春晓》	能熟练演唱歌曲，不跑调。有良好的舞台站姿，能大胆、放声歌唱。
四级	二年级	《咱们从小讲礼貌》《劳动最光荣》《快乐的节日》《鲜花爱雨露》《我和星星打电话》	《阳光下的孩子》《大风车》《中华诵》	能熟练演唱歌曲，不跑调。歌词吐字、咬字清晰。
五级	三年级	《卖报歌》《蜗牛与黄鹂鸟》《学习雷锋好榜样》《团结就是力量》《一二三四歌》	《明天会更好》《童年》《明日歌》	能熟练演唱歌曲，不跑调。节奏感强，体态优美、动作协调。
六级	三年级	《我是一个兵》《龙的传人》《歌唱祖国》《卢沟谣》《中国娃》	《田野在召唤》《我的朋友在哪里》《长江之歌》	能熟练演唱歌曲，不跑调。音色统一，气息流畅，自然、大方。
七级	四年级	《我们是共产主义接班人》《只怕不抵抗》《打靶归来》《中国中国鲜红的太阳永不落》《中国功夫》	《我相信》《明日歌》《水调歌头》	歌曲演唱熟练，不跑调。歌词吐字、咬字清晰，基本做到字正腔圆，声音洪亮。
八级	四年级	《小螺号》《中国人民志愿军战歌》《我当上解放军》《让我们荡起双桨》《我爱你，中国》	《大海啊故乡》《男儿当自强》《节气歌》	正确把握歌曲的旋律和节奏，不脱节、不抢拍。精神饱满，竞技状态和临场发挥良好。
九级	五年级	《爱我中华》《大中国》《我的中国心》《最炫民族风》《中国人民解放军军歌》	《年少的味道》《听妈妈讲那过去的事情》《正气歌》	歌曲演唱熟练，精神饱满，表情生动。舞台表现力强，台风好，自信、优雅、大方。

续表

等级	年级	必唱曲目	选唱曲目	评价标准
十级	五年级	《当兵的人》《我们走在大路上》《保卫黄河》《踏浪》《听妈妈讲那过去的事情》	《诗情古韵》《虫儿飞》《外婆的澎湖湾》	理解歌曲内涵，正确把握乐曲旋律、理解歌词，情感投入到位。综合音乐感觉好，即有较强的理解和表现能力，歌曲有感染力。

学校丰富多彩的金歌展演形式被《齐鲁晚报》记者得知，引起他们的浓厚兴趣，对我校社会主义核心价值观组歌、吉尼斯挑战进行了独家采访，并登报进行广泛宣传，拓宽了金歌的展示途径，优化金歌发展。我校的家长合唱团在每年的督导汇报、家委会工作总结中进行亮相，这种家庭、学校齐联手的做法还在《素质教育》《威海晚报》《威海教育》《威海青少年》等杂志中刊登。

2. 七彩脸谱　绘取自信

脸谱以写实与象征相结合的艺术夸张手法，鲜明地表现人物的面貌，揭示出人物的类型、性格、品质、年龄等综合特征。学校以弘扬民族文化、滋养学生艺术底蕴为出发点，大力挖掘京剧脸谱的教育资源，开发了以"七彩脸谱、绘取自信"为主题的特色课程，并创编了讲义。讲义精选、提炼了一些符合学生年龄特点、认知规律的京剧脸谱内容，通过指导学生看、说、描、画等特殊的表现手法进行美育表达。京剧脸谱作为一个载体，让学生在创作的过程中，感受脸谱艺术之美，体验乐趣、绘取自信。

（1）达成脸谱向美目标

目标一：培养学生对脸谱的兴趣爱好，形成坚持练习绘画的习惯。

目标二：学习简单的勾线技术，做到连贯、流畅等。

目标三：会唱《唱脸谱》歌谣、会识别简单的具有代表性的京剧脸谱。

目标四：培养学生积极进取、勇敢顽强的精神。

目标五：深化脸谱精髓，运用多种艺术手法展示脸谱国粹之美。

（2）精化脸谱常规技法

我们坚持让脸谱勾线常规绘画成为习惯。如每节美术课利用课前五分钟，开展"京剧脸谱欣赏五分钟""勾画五官线描"等活动。脸谱知识、脸谱绘画的教学由美术教师通过课堂教学、脸谱作品征集、脸谱社团活动、绘画比赛、等级评价等方法落实。

（3）征集脸谱创新作品

我们把脸谱绘画纳入美术作品征集活动中，开展"我最喜欢的脸谱""我印象最深的脸谱""我创作的脸谱"等多个系列征集活动，要求学生不仅会画，还要了解人物的特点，进行人物事迹、性格等方面的评价。在创新的作品中融入人物特点说明等，激发学生的学习和创作兴趣，将脸谱绘画活动与历史故事和人物分析紧密结合，提升审美能力，丰厚学生人格积淀。

（4）常态脸谱绘画活动

将脸谱绘画活动常态化。一是每节美术课上五分钟画脸谱；二是每周校本展脸谱；三是每年的6月和12月设定为我校学生七彩脸谱活动月。由学校统一组织，以级部为单位进行有关京剧脸谱的绘画比赛活动，以活动为载体，检查、促进学生绘画京剧脸谱。比赛优胜者，可争取到不同等级的相应配章、奖状。

（5）创设脸谱等级评价

采取"过程＋增值"的评价策略，以关注学生自身增值、自我发展和学校品牌提升为主导，完善制定了"三等级向阳花的评价标准"。学生绘画分为三个等级：脸谱小能人、脸谱小能手、脸谱小冠军。在学期末检测中，学校统一组织，以级部为单位进行脸谱考级活动。将学生评选出三等级，隆重颁发奖状、奖品等，以示鼓励。

3. 快乐篮球　弹起自信

篮球技能学习和篮球比赛等活动，不仅能锻炼学生的身体，还能培养学生开朗、乐观的性格，有助于减轻心理压力，使学生在和谐的环境中健康成长。为了篮球运动的推广，学校通过编写讲义、浓厚篮球文化氛围、建立班级篮球队、创编篮球操、形成课堂教学模式、开展不同范围的比赛等方面的工作，强化篮球工作的管理，积极推动篮球工作不断向纵深发展。

（1）营造篮球文化氛围

为了提升孩子对篮球运动的兴趣，学校通过升旗仪式、班会课等途径进行宣传，并以开展手抄报评比、开设班级篮球窗的方法，让每一个学生融入篮球文化的氛围中去，也利用影视资料向学生传递包含篮球规则、篮球趣闻、篮球明星等在内的篮球文化，让学生从不同角度、不同层次了解篮球运动的魅力，带领学生走近篮球，爱上篮球，营造良好的校园篮球文化氛围。

（2）搭建篮球三级梯队

为使篮球活动、比赛真正走进学生心中，学校成立班级、级部、校级三级篮球队，构建班班有球队、人人玩篮球的校园篮球模式。为了提高学生对班级篮球队的参与热情，每个班级篮球队都有队名，像二年级（2）班的男队队名是霹雳烽火队，女队是勇往直前队；五年级（2）班篮球队是梦之队。我们还开展了为每个篮球队设计吉祥物的活动，于是那代表奔腾、灵性、智慧精神的"马"成为梦之队的吉祥物；那代表勇猛、果敢、机智精神的雄鹰成为翱翔队的吉祥物。这样在不知不觉中，这些积极向上的精神随着篮球队的产生浸润在学生心田，为学生品格的培养注入新的活力。

（3）形成篮球教学模式

采取"10 + 30"的课堂教学模式，结合学生活泼好动的特点，根据不同年级学生的运动水平和年龄特点，带领学生练习篮球的一些基本功，如站立拍球、跑步运球、多角度多方位传球、投篮等，学习篮球实战战术和规则，让大多数学生能够掌握到篮球的基本功，了解、运用到篮球的战术，从而能够走进篮球，充实运动生活，带给每个孩子快乐。

（4）创编篮球韵律体操

学校经历了两次篮球操创编活动，动作由简到难，运动量由小到大，技能要求由低到高，逐步完善篮球操的强体、健身、提升技能的作用。我们将花样篮球以有节奏感的韵律形式呈现，在陶冶学生情感的同时，将运动之美与韵律之美紧密融合，形成有序列的向美课程文化，为开展篮球运动夯实基础。

（5）开展篮球竞技交流

通过长期有计划地开展校际之间的友谊赛、交流赛，带动了校际间学生篮球运动水平的进步，并推动校际间教师篮球运动的研讨活动，促进体育教学经验的交流，达成同伴互助、共同成长的目的，实现教学相长。

4. 校园吉尼斯　体验自信

校园吉尼斯，是为每一位学生设立的大舞台，不管你是谁，只要你拥有一技之长都可以成为舞台的焦点，在这里你可以证明自己是最棒的。吉尼斯是向自己的极限发起的挑战，是对自己潜力的深度挖掘，通过开展"校园吉尼斯"挑战活动，让学生感受、体验挑战的乐趣，竞争的向美，收获快乐与自信。

（1）宏观构建挑战项目

我校吉尼斯挑战经过几年的发展，逐渐摸索出一整套推动学生快乐健身、学习艺术、积极创新的评价方法，宏观构建挑战项目，结合学校办学理念——让每一个学生自信快乐地成长，丰富校园文化，充分开发学生的创新潜能，通过参与挑战活动，使学生在某一方面或某几个方面的潜在专长都能得到最大限度的自主发展，从而使每一个学生都能在全面合格的基础上发展自己的个性、优势和特长，获得成功和体验，提高自信心，促进学生身心健康和谐地发展。

我们集全体师生智慧，共同研发设计八大类符合小学生年龄特点、有利于学生健康发展的活动项目，让学生们开展训练和挑战，真正让学生在活动中体验成功，感受快乐，激发热情。

艺术类：唱歌、跳舞、器乐演奏、绘画等。

体育类：跳绳、拍球、踢球、投篮、踢毽子、转呼啦圈、长跑、跳高、跳远、掷球等。

语言类：单口相声、朗读、背诵、绕口令、成语接龙、讲笑话等。

益智类：象棋、跳棋、围棋、奥数、脑筋急转弯、一分钟打字、认字比赛等。

手工类：十字绣、丝网花、布贴画、豆贴画、折纸、剪纸等。

技能类：穿衣、系鞋带、削苹果、钉扣子、切凉菜、包水饺等。

创新类：小发明、小制作、拿手绝活等学生根据自身优势开发创造的创新项目。

基础类：口算、计算、应用题、词汇、习作等文化知识基础类挑战。

（2）微观推进挑战流程

校园吉尼斯活动本着"人人参与，促进每个学生主动发展，健康成长"的目的，以"让每个孩子都有闪光点"为宗旨，以"挑战自我、体验成功、感受快乐"为口号，结合文化科学知识、艺术体育、劳动技能等内容，分为必挑和单挑项目两大类别，并坚持全员参与、分级目标、逐层竞赛的原则，让更多的学生在这个活动中享受到拥有自信、体验成功的快乐。

5月，为校园吉尼斯全项挑战月。以语文、数学两大学科为主线分周次推进，分别设为口算挑战、计算挑战、词汇挑战和习作挑战等项目，评选出班级的"基础素养挑战大王"；11月，为校园吉尼斯单项挑战月。学生先进行自由申报、自主练习；而后进行班级吉尼斯挑战赛，确定出各个项目中表现出色的班级吉尼斯星；脱颖而出的班级吉尼斯星们，再向校级吉尼斯星发起挑战。每天下午第3节活动课进行单项比赛，分三轮进行：第一轮先在班级内进行，20%晋级，晋级选手将参加级部的第二轮淘汰赛；级部晋级50%，竞赛成功的学生进行校级吉尼斯终极挑战。比赛时间共持续一个月，最终挑战校园吉尼斯晋级成功的学生将登上"校园吉尼斯榜"，成为全校学生争相学习的楷模，学期末，颁发吉尼斯挑战证书，让学生真正地感受到挑战所带来的乐趣及成功体验。

（3）坚守挑战四项原则

普适性原则：通过吉尼斯活动，带动每一个学生积极参与，使每个学生都发现自己的优势所在，让每一个学生受到吉尼斯精神的熏陶和感染，从而为每一个学生的自信成长和健康发展打下坚实的基础。

意义性原则：校园吉尼斯所设置的项目必须是对学生的身心发展有益的，必须是与多元智力所涉及的领域相吻合的，必须是学生所喜闻乐见、乐于参与的。简言之，即对学生的发展有积极意义。

超越性原则：人具有不断超越自我的本能。校园吉尼斯每学年举行一次评审，也就是说，每轮吉尼斯纪录的诞生，既是创新的成绩，又是暂时的成绩。学生的挑战成绩不断被改写，潜能不断被挖掘，创造是无止境的。

过程性原则：每次校园吉尼斯活动从宣布项目到最后成绩评审，这中间有一个过程，想要夺得冠军，就必须经过这个过程，在这个过程中不断历练自己、提升自己，让孩子感受到成长之美。没有经过艰苦努力的付出，没有经过精心刻苦的准备，想要取得卓越的成绩是不可能的。

几年来，通过校园吉尼斯挑战活动，快乐飞绳、花样踢毽的各项纪录不断被刷新；科技创新、艺术作品层出不穷；才艺展示、独家绝活精彩纷呈。我们的每个学生都能够通过活动挖掘内在的潜力，挑战极限、超越自我，树立自信，让每位学生在属于自己的那一片天空中成为最闪亮的星星。

5. 助力三维课程，适切每个孩子

培养学生的自信，就要尊重学生的个性差异，提升学生的主体性，培养学生的创新意识，为每个孩子的兴趣找到适合的发展空间。我校选修校本课程依据学生个性特长，采取选课学生自主、上课走班制的形式，使其具有满足不同学生需要、适合不同学生成长的特点，因而能够让学生在多元化和个性化的课程中不断被挖掘潜能，得到肯定和激励，找到自信的源泉。

根据学生的需求，学校经过历年的完善，形成了比较完善的丝网花、陶艺、衍纸、瓶子画、纽扣画、废品小制作、布艺手工、舞蹈、器乐、合唱、篮球、机器人、田径等 20 余门选修校本课程。

选修校本课程活动时间在每周四下午第二、三节课进行，由课程主持人教师开展教学活动。每个课程的主持教师都制定了详细的课程纲要，编写了详细的讲义。学期结束时，每个参加选修校本课程学习的学生，通过各种形式的学习成果展，展示自己的学习所得，展示自己的收获。

二、生活课程，修炼自信气质

生活课程是关于学生知识、技能、情感、态度、价值观等多方面的综合表现，更是每一名学生获得成功生活、适应个体终身发展和社会发展不可或缺的基本素养。打造知礼课程，让学生从基本的礼仪培训到生活技能的指导训练，塑造学生文明高雅的形象，提高适应社会发展的生存能力，从而孕育自信，培养乐观阳光的性情。我们从国家提出的核心素养即六大素养 18 个基本要点中，提炼出我校知礼课程的培养目标，即围绕学生核心素养，重点突出强调人文底蕴、健康生活，社会关爱、家国情怀，责任担当、实践创新，更加注重学生的个人修养与生活教育。

1. 知礼仪

"不学礼，无以立。""人无礼则不生，事无礼则不成，国无礼则不安。"可见，礼仪是做人的根本，是事业成功的基础，是治国安邦的良药。对每个人来讲，礼仪是一个人思想水平、文化修养、人文素养、交际能力的外在表现，更是培养自信学生不可或缺的重要途径。

（1）礼仪课程开发

学校的"礼仪修身 外秀自信"课程是由"小故事大道理""格言警句""行动指南""礼仪歌谣"四部分组成。"小故事大道理"向学生阐述生活中的礼仪道理;"格言警句"运用古今中外伟大的名人名言或世间流传千年的警世俗语,告诫学生"礼"字的重要性;"行动指南"编写的遵守、讲究礼仪的具体做法和要令,对学生的行为起到立竿见影的点拨作用;"礼仪歌谣"将礼仪编撰成节奏明朗的儿歌,让学生在朗朗上口的阅读中达到熟读成诵的境界。

目录

(2)礼仪训练基点

让学生明确"知礼、懂礼,是生活中必修的一项重要技能",只有掌握了这样的技能,才能更好地生活。基点一:"晨诵暮省"汲取"礼"。通过吟诵传统文化中的经典"诗、词、语录"让学生汲取传统文化中"礼"的精髓,以指导日常的言行举止;基点二:"礼仪讲堂"引导"礼"。借助环翠区《文明礼仪手册》、望小《礼修自信手册》,引导学生了解、学习各种礼仪;基点三:"向阳花争章"推广"礼"。通过学校"向阳花争章"活动,评选各项礼仪之星,既为学生树立榜样,又使"生活课程"得以推广深化。

(3)礼仪活动成效

通过持之以恒的礼仪训练,学生的言行发生了巨大变化。走廊行进时,知道脚步轻轻、礼让他人;在家就餐时,懂得帮助父母摆放碗筷;收发作业时,学会双手接拿;外出游行时,能主动捡拾垃圾,保护环境;观看演出时,保持安静,主动鼓掌……时时处处彬彬有礼、落落大方,彰显礼仪君子、淑女风范,既继承、延伸了我国的传统礼仪文化，又提升了学生的自信心。

礼仪课程将学生的礼仪修养内化为学生的自觉行为，使自信礼仪成为学生心中永不泯灭的灯塔，指引学生做自信快乐的自己。

2. 会生活

我们认为教育不能填满学生生活的空间，要留有闲暇。因为学校教育绝不是给人生画上句号，而是给人生准备好必要的"桨"。何为学生人生的第一把桨？那就是让学生学会生存！让学生拥有最基本的生存能力、生活能力，感受生活的美好，练就生存的技能，游历行走于健康生活与实践生活中，掌握生存的本领，探寻自信的源泉，掘取自信的密码，让孩子们真正成为生活的主人、未来世界的强者。

（1）构建生活课程框架

根据学生的年龄特点以及生活实践的需要，我们共开设了20项生活技能的训练。每个年级学习四项，上、下学期各两项，通过这些活动的教学和实践以及展示比武等，让每个学生掌握不同的生活基本技能，提高生活自理能力，使学生真正成为生活中的小能人。

具体内容如下：

年级	项目	年级	项目	年级	项目	年级	项目	年级	项目
一年级	整理书包	二年级	叠毛巾被	三年级	钉扣子	四年级	切菜	五年级	擀饺子皮
	穿系鞋带		洗毛巾		削苹果		拌凉菜		包饺子
	叠衣服		刷碗筷		择菜		洗衣服		紫菜包饭
	穿衣服		擦玻璃		打鞋油		刷鞋		水果沙拉

（2）记录生活精彩瞬间

《生活技能记录卡》记录学生成长足迹。为了让生活技能课堂落实得更加有章可循、有迹可觅，我们倡导班主任为每一次"生活技能课"留存精彩。每次的活动记录除保留原有的文字记录外，还增设了图片记录。把家长、学生、教师共同参与的精彩瞬间定格在记录表中。同时，还要求班主任利用QQ群、数字化校园，及时地把生活技能课中学生的表现反馈给家长，让每一位家长都能真实感受到平日饭来张口、衣来伸手的"小皇帝、小公主"在自理方面发生的巨大变大，更展示出学生独当一面、我的事情我做主的自信风貌。

小组合作探究给孩子最真实的体验。在生活技能课堂中，学生三五一群围在一起或自主探索，或团结协作，大家兴致盎然，其乐融融。这是我校推出的小组合作式"生活技能"课堂模式。这种模式最大的优点是克服了以往传统课堂的呆板性，学生操作起来灵活多便，有利于他们之间技艺的切磋与提升，大家相互取长补短，在合作中学习，在学习中感悟，在感悟中提升自信。

一年级三班吕纪贤家长刘静曾这样说过："上课的时候，徐晶珠老师为了让我们更好地与孩子们互动起来，让家长来授课。把孩子们分成几个组来比赛，看看哪个组叠得又快又好，让家长来直接评比。孩子们在这样活跃的气氛中增强了集体荣誉感，学到了本领。这样的活动非常好，个人建议学校可以经常举行。生活也是教育，只有家庭和学校一起努力，孩子才能更出色。"

（3）启动"1＋N"生活课程模式

"1"指每月一节的校内教师引领课。利用校内生活技能课堂，聘请家长生活技能导师亲临课堂，指导学生以"理论联系实践"的形式，在掌握技能要领的基础上，得到有效的实践运用；"N"指每月多次的校外家长辅助课。利用"生活技能、练出自信"校外学习记录卡，引领学生利用校外时间加强生活技能的训练。同时通过邀请家长的参与，既担当孩子生活技能训练的指导者，又是孩子生活技能训练过程的考核人。

一年级四班孙潇平的妈妈卢发倩很难忘记第一次被聘请为"生活技能导师"到校上课的情景："周三儿子拿回家一张邀请函，说周四要上生活技能课，需要家长参与，教孩子们叠衣服。儿子在我眼里是宝贝，饭来张口、衣来伸手，从来没有做过任何家务活。这么小的孩子哪里会叠衣服？这要怎样教才能会？带着疑问好不容易盼来了周四下午，伴着上课铃声，我和几位宝妈一起走进教室。所有的孩子都整整齐齐地坐着，腰板挺直大声地喊"阿姨们好"，好有礼貌的孩子。简单地介绍之后，一位宝妈代表上台教孩子们叠衣服。只见所有的孩子都瞪大双眼聚精会神地盯着讲台，宝妈代表的每一个动作每一个步骤孩子们都认真地听、仔细地学，一双双小手按照每一个步骤有模有样地叠着，很短的时间内孩子们都学会了。睡前，儿子把脱下来了的衣服整齐地叠在枕头旁边。真没有想到，这些蜜罐里长大的'小皇帝、小公主'的动手能力这么强。如果不是老师给我这次参与的机会，我都不知道自己的孩子是多么棒！学校开设的生活技能课，让孩子学会了生活中被家长们忽视了的实实在在的技能，锻炼了孩子的自理能力。很庆幸儿子在望岛小学上学，感谢老师，感谢校领导！"

活动中，家长导师不仅面对面地指导学生掌握技能要领，还要对每节生活技能课进行评价及情况反馈，最终辅助班主任将生活技能普及每一位学生，关爱到每一个孩子，让每一位学生都能熟练掌握所学生活技能。此项活动在《山东教育报》上刊登。

（4）研学旅行学以致用

生活处处皆课堂。学校的"生活课程"将涵盖"研学旅行"的精髓，借助多种途径的落实，让学生拓宽视野、丰富知识，提升自理、创新和实践能力。一是设计"望岛小学研学旅行指南"。挖掘教师、家长的资源，根据学生的年龄特点及认知规律，设计不同主题的"研学旅行指南"；二是打造"团体研学旅行"模式。与学校家委会活动相结合，加以引导、提升，把原本单纯的活动，打造成内容更丰厚、意义更长远的"团体研学"模式；三是挖掘"家庭研学旅行"资源。由于"研学旅行"的特殊性，尝试挖掘"家庭研学旅行"的资源。即不仅仅为"研学旅行"去旅行，而是在日常的家庭生活中，善于挖掘"研学旅行"的资源。如，家庭聚会，可研学姓氏的文化；去奶奶家，可研学农村的风土人情等。让学生学以致用，会研学、会生活、会实践、会感悟。

我校的另一类课程——"生活技能"校本课，受到众多媒体的关注，曾先后在《山东少儿电视台》《环翠教育报》《威海晚报》《威海教育》《威海青少年》《少先队干部》等媒体上进行专题报道，新浪、搜狐等各大网站也争相转载，社会好评如潮。从家长们写给学校的一封封感谢信中，让我们内心充满了温暖与欣慰，庆幸学校开设的生活技能课程，让每一个孩子学会更多的生存本领，学会照顾自己、热爱生活、感恩父母。

3. 懂修养

良好的修养是促进学生自信成长的优秀品质。我们通过主题课程、成长课程帮助学生树立积极、乐观、勤勉、向上的学习和生活态度，提升爱国感恩的传统美德和高雅的生活品性，从而形成优秀的自信特质。

我校成长课程围绕"让每一个孩子自信快乐地成长"这一核心理念，梳理出个体成长领域和团队成长领域两大渠道，既保证了教师自身的长远发展，又关注了每一个孩子的健康成长。

个体成长领域：倾心打造"知心姐姐工作室"。以心理咨询室为主阵地，五位心理咨询师每天轮班利用中午的时间，为学校中行为异常、心理有偏差的孩子进行"一对一"的个体辅导，深受孩子们的喜爱和家长的认可。

团体成长领域：依托小课题实验，实现"专业"与"非专业"的无缝对接。我校专业心理咨询师数量少、力量弱，为了让有限的资源发挥无限的价值，使更多的学生受益。我们把"银杏姐姐工作室"的五位成员，指定为各级部专用的"心理咨询指导教师"，任务有三：一是班主任在落实小课题实验的过程中，随时随地为班主任解疑答惑，并且要定期引领班主任进行班级大团体的心理辅导；二是辅助班主任利用心理咨询室、留守儿童活动室进行班级小团体心理游戏的辅导；三是对各班级小课题的实验情况进行定期督查，保证每一个孩子都能够从中受益。通过这种"专业"与"非专业"的无缝对接，保证团体成长辅导的有效落实。通过成长课程的开发，挖掘学生自信潜质，从而让每个学生自信快乐地成长。

第三节　家校联盟　共育学子

打造自信学生，离不开一支"乐于参与　勇于奉献"的自信家长队伍。为达到家校合作的无缝衔接，打造一支守望自信的护卫军，我们开发了"套餐式自主管理"家校合作新模式，作为自信教育特色创建的坚实后盾和有力保障。通过把家校工作细化为五大套餐模式，发挥家长的主动性、发展性、合作性、共赢性，以家委会牵头，引领家长全面参与、自主活动、自主管理，培养自信家长，打开了望小家校合作的一片新天地。

一、理念引领，带动全体家长

通过家长学校、亲子活动、《家校彩虹报》、家访活动、《致家长一封信》、家长学校及家校数字化校园等不同层次、不同途径的理论引领，与家长进行沟通交流，宣传学校的办学思想、办学特色，使家长们了解学校，了解学校的教育方向；通过开展"尊长敬老"活动、"家庭道德星评比"活动、"亲近自然，体验丰收"的实践活动、"尊妇女、爱妈妈"实践活动等不同角度、不同形式的活动，拉近家长与学校与教育的距离，使家长积极与学校携手搞教育。

1. 活动参与

家长们积极参加各种活动，在活动中学习和实践自信教育理念，理解自信教育的思想。例如，在生活技能的训练课上，很多家长报名来担任生活技能的指导员；在学校开展的活动中，很多家长根据自己的特长积极参加，会唱歌的家长，来和孩子们一起唱歌，会朗诵的家长，来和孩子们一起朗诵等。

2. 学会评价

学校通过家委会活动、家长会、活动反馈、家庭联谊会等多种渠道，让家长们积极交流自信教育的理念，学习发现孩子优点的方法，鼓励孩子进步的语言等，使每位家长都能够成为在学生成长道路上的助力人，同时也成长为自信家长。

3. 多渠道引领"自信家长"

其一，探索开放活动，完善亲情模式。定期召开家长委员会成员会议，就办学方向、特色发展、食堂管理等问题，召集家长委员会成员进行商谈，家长委员会就学校的办学活动提出较好的建议，推动家长参与学校工作。其二，开好家长学校。向家长宣传家庭教育和心理健康知识。其三，利用好家校数字校园，向家长宣传育儿经验、先进的教育理念，并方便家长之间、家长和教师之间的沟通。其四，做好"自信家长"评选细则，每学期通过评选出自信家长，带动全体家长的成长。

二、四大团队，催生自信家委

家校工作既是校内向校外延伸的一个承载面，又是校外向校内渗入的助力点。本学期，为达到家校合作的无缝衔接，打造一支守望自信的护卫军。望小紧紧围绕"自信教育"开发了"套餐式自主管理"的家校合作新模式。

1. 家委会团队——责任与爱并行

学校班级、级部、校级三级家长委员会工作已经完全步入正轨。不需要学校及班主任的引领就可以自主制订家委会工作计划、组织活动开展，做好活动记录、撰写活动总结、留存并整理活动资料。特别是本学期新入学的一年级家委会，积极响应学校及校级家委会的号召，对学校的家校工作表现出了极大的支持。一年级一班的家委会成员，在天气渐冷暖气还未来的时候，为班上每一位孩子、老师，亲手缝制了小椅垫；一年级二班的家委会成员，不仅把班级乃至级部的家委会活动开展得有声有色，而且关注着班上的每一个孩子。班上有个单亲孩子一直随小姨、姥爷、姥姥住，当他们知道孩子的小姨出差后，老人不会上班级的 QQ 群及时了解老师当天反馈的内容时，会长与副会长便每天轮流给老人打电话，把老师在 QQ 群中反馈的事情，一字不漏地说给老人听。这样坚持了一个多月，直到孩子的小姨出差返家知道了这件事后，特别感动才反映给了班主任……虽然，这只是学校家委会工作中的点滴，却能反映出学校在家校工作上的成效。而在这井然有序的工作背后，受益最大的就是望小学子。在丰富多彩的家委会活动中，有了爸爸、妈妈们像大朋友一样的陪伴，让他们成长的道路分外多姿多彩。

2. 家长志愿者团队——服务与奉献至上

（1）运动会中的"服务员"

对学生们来说，最期盼、最快乐的莫过于每年一度的运动会，而在运动会中最辛苦的却是家长志愿者团队。他们，有的当裁判，顶着烈日在操场上往返奔波；有的做厨师，在餐厅里挥汗如雨；有的管纪律，一举一动丝毫不敢懈怠……运动会的圆满召开，少不了这些热心的家长志愿者们。

（2）放学路上的"守护神"

仙姑顶路的 27 路站点，位于三岔口路段，每天早晨的车流量非常大，安全隐患也很多。为此，学校与校家委会成员商议，发动家长志愿者上路为孩子们保驾护航。于是，短短几天的时间，第一批家长就佩戴着"望岛小学家长志愿者"的绶带，站在了上学途中的危险隐患地带，尽心尽责地护送孩子们过马路。自此以后，无论刮风还是下雨，这些可敬的家长志愿者却从没有缺席。他们不仅是孩子们口中的"守护神"，更是其他家长心中的楷模。

（3）舞台上的"大明星"

为了大力推广学校"金歌嘹亮　唱响自信"的特色活动，营造学生、老师、家长人人都能开口唱的金歌氛围。学校联合校级家长委员会成员积极号召发动，组建了第一支"家长合唱团"。虽然每次到校训练时，都有许多家长需要请假，但是他们却毫无怨言、积极参与。在训练的过程中，家长们认真、诚恳、不敷衍，老师指导的每一个唱腔、每一个动作，他们都会一丝不苟地一遍又一遍地练习。每次演出时，当孩子们看着"大明星"一样的爸爸、妈妈们在舞台上的精彩表演，无不欢呼雀跃。

3. 家长驻校团队——监督与管理相融

为了让更多的家长走进学校、了解学校、督促学校并真正地参与到学校的日常管理之中，本学期，德育处采取了"个体报名、集体驻校"的方法，在每个周一邀请 3~5 名家长参与驻校活动。驻校期间，家长们主要完成"九个一"工作，即一次升旗活动，一次校园巡查，一次卫生检查，一次与值日领导对话，一次和老师交流谈心，一次课堂观摩，一条管理建议，一次学校公益劳动和孩子共用一次午餐。通过"九个一"工作的落实，发挥了家长的主人翁精神，创建了透明式开放办学新思路。

4. 家长导师团队——指导与评价并重

"生活技能"一直是我校传统德育校本课程。为了让孩子们在"生活技能"课堂中学得扎实，学校邀请有"一技之长"的家长走进课堂，为学生进行技能授课。不仅面对面地指导学生掌握技能要领，还要对每节生活技能课进行评价及情况反馈，有了家长导师的参与，生活技能课堂焕发出了新的活力，课堂组织更紧凑，学生练习更扎实了。

总之，从本学期家校工作的方方面面来看，通过德育处的不断努力，支持学校、服务学生，做自信家长的观念已经深入每一个家长的心中。同时，家长们能够积极地参与到学校的各项活动中来，对家校交流合作提出意见和建议，也是对我们工作的最大认可。

后　记

绽放的风采　奏响自信的华美乐章

在自信教育的实施过程中，学校陆续获得全国德育先进实验学校、山东省规范化学校、山东省安全文化建设基地、山东省花园式单位、威海市电化教育示范学校、威海市校园绿化先进学校、威海市创建全国文明城市先进单位、威海市未成年人思想道德建设先进单位、威海市篮球传统项目学校、威海市电化教育示范学校等荣誉称号；2015 年荣获环翠区 AAA 级特色学校称号。

学校的金歌赛歌会、校园吉尼斯挑战等活动成果刊登在《齐鲁晚报》。校本课程成果《让每个孩子抬起头走路》在《威海日报》《威海晚报》上发表。"生活技能"校本课，受到众多媒体的关注，曾先后在《山东少儿电视台》《环翠教育报》《威海晚报》《威海教育》《威海青少年》《少先队干部》等媒体上进行专题报道，新浪、搜狐等各大网站也争相转载。家校合作经验《心手相连，与自信家长同行》在《威海晚报》上刊出。家长合唱团带动家长们自信演唱的做法受到媒体关注，多次到学校采访，并将事迹刊登在《素质教育》《威海晚报》《威海教育》《威海青少年》等杂志中。《威海教育》刊登了自信教育特色和打造自信课堂的系列研究成果，包括《让每个孩子自信快乐地成长》《为教师成长引入源头活水》《让学生爱上"表达"》《小老师开讲啦》《辟一片表达的"小园香径"》等；《自信开启学生成功之门》《银杏树下，自信飞扬》《让自信成为学生课堂的常态》《适合学生的，就是学校最好的教育》发表在《素质教育》和《教学与研究》杂志上。

在环翠区首届少儿电视才艺大赛活动中，学校获"优秀合作单位"称号。教育科研成果《课堂自信表达能力的培养》获区级一等奖；十二五市级课题《小学生自信表达能力的研究》顺利结题；"丝网花手工制作"被评为威海市中小学优秀学生社团，并进行了市级社团活动的展示；在环翠区中小学篮球比赛中，先后荣获"小学男子组"第一名、第二名和"小学女子组"第四名的好成绩；获环翠区中小学第四届"时代之声"舞蹈赛二等奖、器乐比赛二等奖。

　　一路汲取，一路奉献，一路前行，一路收获！学校拥有一支锐意改革、充满自信的教师团队，十几人荣获省、市、区级优秀教师、师德标兵、教学能手、优秀班主任、教坛新星等称号；多篇论文在国家、省、市、区杂志上发表；学生参加各项才艺竞赛，取得优异成绩；学校获得多种荣誉，不断积淀自信，丰盈自信的底色，使师生沐浴着自信的荣耀，绽放无限光彩！

　　　　　　　　　　　　　　　　　　　　　　　　　丛培荣

　　　　　　　　　　　　　　　　　　　　　　2017 年 5 月 30 日